プリント形式のリアル過去問で本番の臨場感！

沖縄県

沖縄県立中学校
（与勝緑が丘・開邦・球陽・名護高校附属桜）

2025年春 受験用

解答集

本書は，実物をなるべくそのままに，プリント形式で年度ごとに収録しています。
問題用紙を教科別に分けて使うことができるので，本番さながらの演習ができます。

■ 収録内容

・解答集（この冊子です）

書籍ＩＤ番号，この問題集の使い方，最新年度実物データ，リアル過去問の活用，
解答例と解説，ご使用にあたってのお願い・ご注意，お問い合わせ

・2024（令和６）年度 ～ 2020（令和２）年度　学力検査問題

JN132152

○は収録あり	年度	'24	'23	'22	'21	'20
■ 問題（適性検査）※		○	○	○	○	○
■ 解答用紙		○	○	○	○	○
■ 配点		○	○	○	○	○

全分野に解説があります

名護高等学校附属桜中学校は2023年度開校
※学校独自検査は収録していません
注）問題文非掲載：2021年度適性検査Ⅰの二，2020年度適性検査Ⅰの三

問題文の非掲載につきまして

著作権上の都合により，本書に収録している過去入試問題の本文の一部を掲載しておりません。ご不便をおかけし，誠に申し訳ございません。

教英出版

■ 書籍ＩＤ番号

入試に役立つダウンロード付録や学校情報などを随時更新して掲載しています。
教英出版ウェブサイトの「ご購入者様のページ」画面で，書籍ＩＤ番号を入力してご利用ください。

書籍ＩＤ番号　101247

（有効期限：2025年9月30日まで）

【入試に役立つダウンロード付録】
「要点のまとめ（国語／算数）」
「課題作文演習」ほか

■ この問題集の使い方

年度ごとにプリント形式で収録しています。針を外して教科ごとに分けて使用します。①片側，②中央のどちらかでとじてありますので，下図を参考に，問題用紙と解答用紙に分けて準備をしましょう（解答用紙がない場合もあります）。

針を外すときは，けがをしないように十分注意してください。また，針を外すと紛失しやすくなりますので気をつけましょう。

① 片側でとじてあるもの

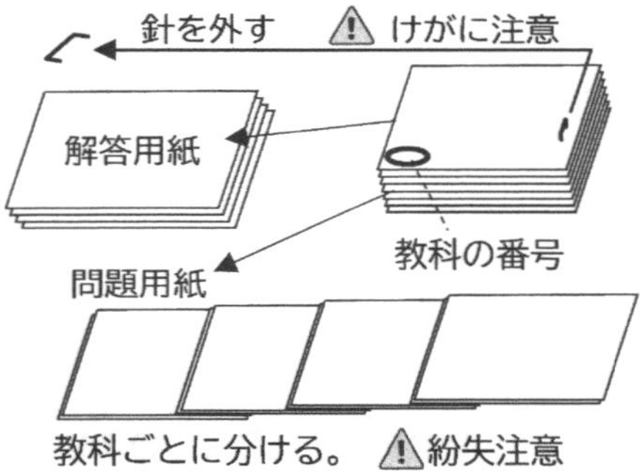

② 中央でとじてあるもの

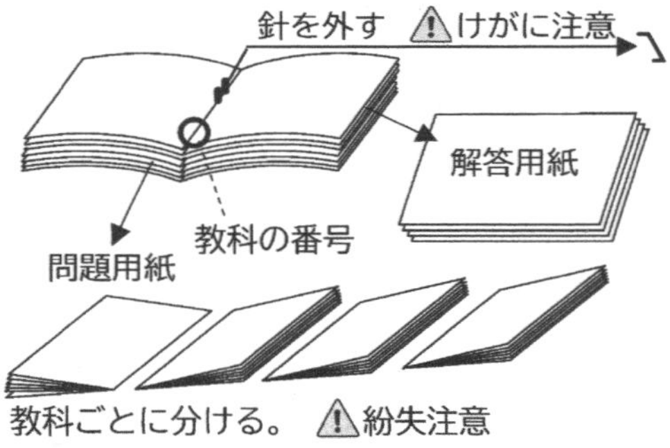

※教科数が上図と異なる場合があります。
解答用紙がない場合や，問題と一体になっている場合があります。
教科の番号は，教科ごとに分けるときの参考にしてください。

■ 最新年度 実物データ

実物をなるべくそのままに編集していますが，収録の都合上，実際の試験問題とは異なる場合があります。実物のサイズ，様式は右表で確認してください。

問題用紙	Ａ４冊子（二つ折り）
解答用紙	Ｂ４片面プリント

リアル過去問の活用

～リアル過去問なら入試本番で力を発揮することができる～

本番を体験しよう！

問題用紙の形式（縦向き / 横向き），問題の配置や余白など，実物に近い紙面構成なので本番の臨場感が味わえます。まずはパラパラとめくって眺めてみてください。「これが志望校の入試問題なんだ！」と思えば入試に向けて気持ちが高まることでしょう。

入試を知ろう！

同じ教科の過去数年分の問題紙面を並べて，見比べてみましょう。

①　問題の量

毎年同じ大問数か，年によって違うのか，また全体の問題量はどのくらいか知っておきましょう。どのくらいのスピードで解けば時間内に終わるのか，大問ひとつにかけられる時間を計算してみましょう。

②　出題分野

よく出題されている分野とそうでない分野を見つけましょう。同じような問題が過去にも出題されていることに気がつくはずです。

③　出題順序

得意な分野が毎年同じ大問番号で出題されていると分かれば，本番で取りこぼさないように先回りして解答することができるでしょう。

④　解答方法

記述式か選択式か（マークシートか），見ておきましょう。記述式なら，単位まで書く必要があるかどうか，文字数はどのくらいかなど，細かいところまでチェックしておきましょう。計算過程を書く必要があるかどうかも重要です。

⑤　問題の難易度

必ず正解したい基本問題，条件や指示の読み間違いといったケアレスミスに気をつけたい問題，後回しにしたほうがいい問題などをチェックしておきましょう。

問題を解こう！

志望校の入試傾向をつかんだら，問題を何度も解いていきましょう。ほかにも問題文の独特な言いまわしや，その学校独自の答え方を発見できることもあるでしょう。オリンピックや環境問題など，話題になった出来事を毎年出題する学校だと分かれば，日頃のニュースの見かたも変わってきます。

こうして志望校の入試傾向を知り対策を立てることこそが，過去問を解く最大の理由なのです。

実力を知ろう！

過去問を解くにあたって，得点はそれほど重要ではありません。大切なのは，志望校の過去問演習を通して，苦手な教科，苦手な分野を知ることです。苦手な教科，分野が分かったら，教科書や参考書に戻って重点的に学習する時間をつくりましょう。今の自分の実力を知れば，入試本番までの勉強の道すじが見えてきます。

試験に慣れよう！

入試では時間配分も重要です。本番で時間が足りなくなってあわてないように，リアル過去問で実戦演習をして，時間配分や出題パターンに慣れておきましょう。教科ごとに気持ちを切り替える練習もしておきましょう。

心を整えよう！

入試は誰でも緊張するものです。入試前日になったら，演習をやり尽くしたリアル過去問の表紙を眺めてみましょう。問題の内容を見る必要はもうありません。どんな形式だったかな？受験番号や氏名はどこに書くのかな？…ほんの少し見ておくだけでも，志望校の入試に向けて心の準備が整うことでしょう。

そして入試本番では，見慣れた問題紙面が緊張した心を落ち着かせてくれるはずです。

※まれに入試形式を変更する学校もありますが，条件はほかの受験生も同じです。心を整えてあせらずに問題に取りかかりましょう。

《解答例》

1　1．欲／背筋　2．エ　3．⑴耳　⑵オ，カ　⑶迷ったり弱気になったりすることなく、強く自信を持つこと　⑷無邪気　4．（1字あける）わかばは、部活も勉強も自信が持てるまでがんばれる努力家の面と、悪気なく麻耶を傷つけることを言ってしまうなど、自分の気持ちに正直な面のある人間なのだと思います。（改行）自分の気持ちに正直なのはいいことですが、わかばのように人を傷つけてしまうこともあるので気をつけて行動するべきです。

2　1．みごと／ぎゃっきょう　2．イ　3．ウ　4．a．木登り　b．決めつけず、あきらめなかった　c．強力なシュートを打つ　5．エ　6．（1字あける）成績が上がらなくなったとき、休けいをはさみながら勉強することで解決しました。（改行）ただやみくもに時間をかけるだけでなく、考え方ややり方を変えることも大事だと思いました。

3　1．ウ　2．人の手で魚や貝のたまごをかえし，川や海に放流して，成長したものを取る漁業。　3．エ　4．ウ　5．地産地消

4　1．国分寺　2．エ　3．親藩・譜代は江戸に近い場所に配置され，外様は江戸から遠い場所に配置された。　4．ウ　5．エ

5　ウ，オ，カ

6　弥生時代には米づくりが広まり，米のたくわえの差などで貧富の差が生まれ，食料や土地などをめぐって，争いが起こるようになったから。

《解　説》

1　2　[I]の直後に「確信めいた言い方をした。『いままで～だけなのよ。本当はできるの。』」とあることから，エの「やっぱりやればできるのよ」が適する。

3⑵　アは，文章6行目の「気恥《きは》ずかしくもあったが，素直《すなお》にうれしかった」にあたる。アよりも前の心情は，文章後半の「わかばの胸にこみあげた苦いものは，数時間前の記憶《きおく》だ」以降に書かれているものである。つまり，「はねるように走っていって～麻耶《まや》のようすが変わったのに気づいたにもかかわらず～無邪気《むじゃき》に自分の成績カードを見せてしまった」から読みとれるオの「調子に乗る」と，「麻耶は～まっ赤になった～動揺《どうよう》したわかばに～麻耶は投げつけるように言いのこし～出ていってしまった」から読みとれるカの「気まずさ」が，アよりも前の心情。

⑶　[b]の前に「運動だけでなく」とある。わかばが「運動」を通して知っている大切なこととは何かを読みとる。それは，文章中に「『自信を持って打つ』ことは大切だ。一瞬《いっしゅん》の迷いや弱気が，体をにぶらせるのは，経験上わかばも知っている」と書かれている。この部分を用いてまとめる。　⑷　「傷つけるつもりがなかった」は，悪気がなかったということ。よって，文章後ろから7行目の「無邪気」（すなおで悪気がないこと）を抜《ぬ》き出す。

2　2　「適材適所」は，適性や能力に応じて，それにふさわしい地位や仕事につかせること。

4a　モモンガが苦手なこと。文章1～2行目の「モモンガは～木登りが上手とは言えません」より。

b　「（木登りが上手とは言えない）モモンガは，木の上から見事に滑空《かっくう》することができます。木に登ることをあきらめてしまっては，空を飛べることに気がつかなかったかもしれません」と，「プロのサッカー選手～リフティングだけで苦手と判断しサッカーをやめていたら，強力なシュートを打つ能力は開花しなかったかもしれません」から共通して読みとれること。すぐに苦手と決めつけてあきらめるようなことがなかったため，得意なものを見つ

けられたのである。　c　「プロのサッカー選手～リフティングだけで苦手と判断しサッカーをやめていたら，強力なシュートを打つ能力は開花しなかったかもしれません」より。

5　文章中では「負けたほうは，戦い方を変えます～工夫を重ねます～負け続けるということは，変わり続けること～生物の進化を見ても，そうです。劇的な変化は，常に敗者によってもたらされてきました」と述べ，弱く追い立てられた生き物が，進化をとげて「ナンバー１になれるオンリー１のポジション」を見つけ，繁栄《はんえい》したということが具体的に説明されている。よって，アとイは適さない。ウの「恐竜《きょうりゅう》～強い者から逃《のが》れるために工夫をして」という内容は文章中に書かれていない。エは，文章の最後の段落で述べていることに適する。

3　1　ウ　【資料１】を見ると，冬の気温が比較的温暖で，１年を通して降水量が少ないことが読み取れる。この気候の特徴が見られるのは，瀬戸内の気候のウである。夏と冬の季節風が四国山地や中国山地を越えるときに南四国や山陰地方に雨や雪を降らせ，乾いた風となって瀬戸内地方に吹き込むため，瀬戸内地方では１年を通して降水量が少なくなる。

2　育てる漁業には，養殖漁業と栽培漁業があり，たまごをふ化させたあと，成魚になるまで飼育するのが養殖漁業，稚魚の状態で放流するのが栽培漁業である。

3　エ　ア．誤り。北九州工業地帯の工業出荷額は 20 兆円を下回っている。イ．誤り。重化学工業の割合が最も小さいのは関東内陸工業地域である。ウ．誤り。例えば，最も工業出荷額が大きい中京工業地帯の金属の割合は，阪神工業地帯の金属の割合より小さい。

4　ウ　2017 年の大豆の輸入量は約 320 万 t，米の輸入量は約 90 万 t だから，大豆の輸入量は，米の輸入量の３倍以上になっている。ア．誤り。1960 年の小麦の輸入量は約 270 万 t，2017 年は約 600 万 t だから，４倍にはなっていない。イ．誤り。牛乳・乳製品の輸入量が 300 万 t を初めて上回ったのは 1995 年である。エ．誤り。野菜の輸入量は，1980 年代後半から 1990 年代中頃までの間，たびたび肉の輸入量を上回っており，2000 年以降はほとんどの年で肉の輸入量を上回っている。

5　地産地消　地産地消に取り組むと，食材のトラック輸送の距離が短くなり，排出する二酸化炭素の量が少なくなるなどの利点がある。

4　1　国分寺　聖武天皇と光明皇后は，仏教の力で国を守るために，全国に国分寺と国分尼寺を建て，総国分寺として東大寺を奈良の都に建て，大仏を造らせた。

2　エ　雪舟は室町時代の東山文化を代表する画僧である。アは奈良時代，イは平安時代，ウは江戸時代。

3　江戸幕府は，大名を，親藩（徳川家の一族），譜代大名（徳川家の古くからの家臣），外様大名（関ヶ原の戦い前後に徳川家に従った大名）に分け，江戸から近い場所や重要な地に親藩や譜代大名，江戸から遠い場所に外様大名を配置した。

4　ウ　ペリーは，アメリカ大統領フィルモアの国書をもって，浦賀に来航した。アはロシア，イは中国，エはブラジルを示している。

5　エ　北条時宗は鎌倉幕府の第八代執権である。元の皇帝フビライからの服属要求を北条時宗が退けると，フビライは２度にわたって日本を襲撃した（文永の役・弘安の役）。これを元寇と呼ぶ。元寇は防衛戦であったので，鎌倉幕府は，元軍と戦った御家人に対して十分な恩賞を与えることができなかったため，御家人の生活は苦しくなり，幕府に対する不満が高まっていった。

5　1　ウ，オ，カ　ア（弾劾裁判）は国会の仕事，イ（違憲審査・法令審査）は裁判所の仕事，エは国民の権利，キは国会の仕事である。

6　人々が稲作によってたくわえ（富）を持つようになると，むらの中に貧富の差とともに身分の区別が生まれていった。むらの指導者は，人々を指揮して水を引き，田をつくり，むらの祭りを行い，むらの財産を自分のものとし，戦いでまわりのむらを従えて，小さなくに（国）をつくるようになった。

沖縄県立中学校　2024 令和6年度　適性検査Ⅱ

《解答例》

1　(1)イ　(2)2560　(3)ア，イ，エ　(4)15　(5)399　(6)5.5　(7)18　(8)6，7

2　(1)①□に入る数…0.6　説明…表から，気温が5℃上がるごとに音の伝わる速さは秒速3mずつ速くなることがわかる。よって，3÷5＝0.6 より，気温が1℃上がるごとに音の伝わる速さは秒速 0.6mずつ速くなるから，□に入る数は0.6である。　②2780　(2)5400

3　(1)45　(2)①正八角形の1つの頂点からひける対角線の本数は，8－3＝5(本)　それぞれの頂点から同じように5本ずつひけるから，5×8＝40(本)　ただし，それぞれの対角線について2回ずつ数えているから，1つの式に表すと，5×8÷2になる。　②200　③50

4　(1)①ア．向き〔別解〕方向　イ．大きさ〔別解〕強さ　②㋐　(2)エ　(3)①S　②右図

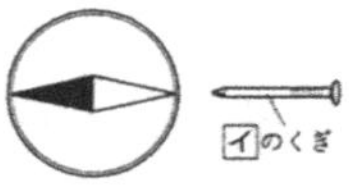

5　(1)①(こい)青むらさき　②だ液のはたらき…言える　理由…試験管アではでんぷんが残っていたが，だ液を入れた試験管イではでんぷんがなくなっていたから。　(2)①精子　②子宮　(3)適当な温度　(4)ア．頭，胸，腹　イ．6

6　(1)①68，69，70，71，72 のうち1つ　②水じょう気　③ふっとう　(2)①ア　②あたためられた水は上の方に移動する　(3)ア

7　(1)日光が当たらない　(2)①ウ　②たい積　(3)①雲が西から東へ移動するから。　②エ

《解　説》

1　(1)　与式＝12□18×$\frac{1}{6}$であり，□が÷だとすると，$12\div18\times\frac{1}{6}=12\times\frac{1}{18}\times\frac{1}{6}=\frac{1}{9}$となり，適さない。
□が＋，－，×のとき，12□18×$\frac{1}{6}$＝12□3となるから，12＋3＝15，12－3＝9，12×3＝36 より，適当なものは「イ　－」である。

(2)　ボール遊びができる部分の面積は公園の面積の$\frac{5}{8}\times\frac{3}{4}=\frac{15}{32}$だから，公園の面積は $1200\div\frac{15}{32}=2560$(㎡)である。

(3)　ア．$y=4\times x$となるので，比例している。　イ．$y=x\times10\div2=5\times x$となるので，比例している。
ウ．身長が決まっても体重は決まらないので，比例していない。　エ．コピー用紙1枚の重さをaとすると，$y=a\times x$となるので，比例している。　オ．$y=100\div x$となるので，yはxに比例ではなく反比例している。
以上より，yがxに比例するものは，ア，イ，エである。

(4)　1m＝100 cmだから，長方形の縦と横の長さの和は 100÷2＝50(cm)である。
よって，縦の長さは $50\times\frac{3}{3+7}=15$(cm)

(5)　今年度の児童数は昨年度の$\frac{100+5}{100}=\frac{21}{20}$(倍)だから，$380\times\frac{21}{20}=399$(人)になった。

(6)　AEはACの長さの3倍だから，AC：AE＝1：3より，AC：CE＝1：(3－1)＝1：2
よって，AC＝CE×$\frac{1}{2}$＝11×$\frac{1}{2}$＝5.5(cm)

(7)　水を流し終わった瞬間《しゅんかん》において，容器に入っている水は右図の色付き部分の三角柱になる。三角柱BDE－ACFと三角柱EHB－FGAは合同だから，体積は等しく，容器の容積の半分の 30×30×40÷2＝18000(㎤)である。
よって，流れる水の量は 18000÷1000＝18(L)

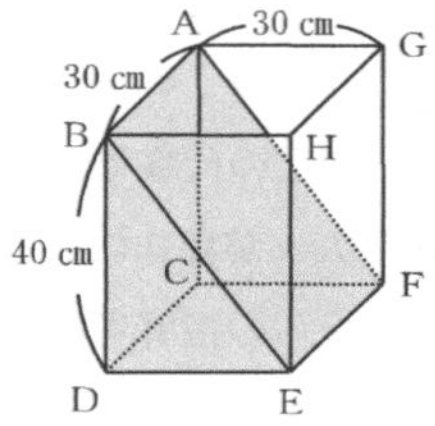

(8)　最小値が1冊，最大値が9冊だから，アは0冊または10冊以上にはならない。

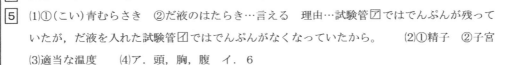

①から⑨のうち，６冊借りた人は２人，７冊借りた人は０人で，それ以外の冊数を借りた人は１人ずつだから，最頻値が６冊のみのとき，アは６か７となる。

2 (1)① 解答例のように表から，気温と秒速が一定の割合で変化していることを読み取り，具体的な数字を使って説明する。

② 太郎さんが考えた式について，xを 27.5 におきかえると，331＋0.6×27.5＝yより，y＝347.5 となる。よって，このときの音の速さは秒速 347.5mだから，求める距離《きょり》は 347.5×８＝2780(m)である。

(2) 船底から出した音は7.2秒で船底と海底を往復したので，船底から海底までは 7.2÷２＝3.6(秒)で伝わったことになる。よって，求める深さは 1500×3.6＝5400(m)である。

3 (1) 図１で，頂点を結んでできた８個の三角形はすべて合同だから，(あ)＝360°÷８＝45°である。

(2)① ＡからＣに引いた対角線とＣからＡに引いた対角線は同じものであり，他のすべての対角線についても同じことが言える。よって，すべての頂点から引いてできる対角線の本数を２で割ればよい。

② 四角形ＡＣＥＧは正方形であり，正方形はひし形にふくまれるので，
(正方形の面積)＝(対角線の長さ)×(対角線の長さ)÷２で求められる。
四角形ＡＣＥＧの対角線の長さは 10×２＝20(cm)だから，求める面積は
20×20÷２＝200(cm²)である。

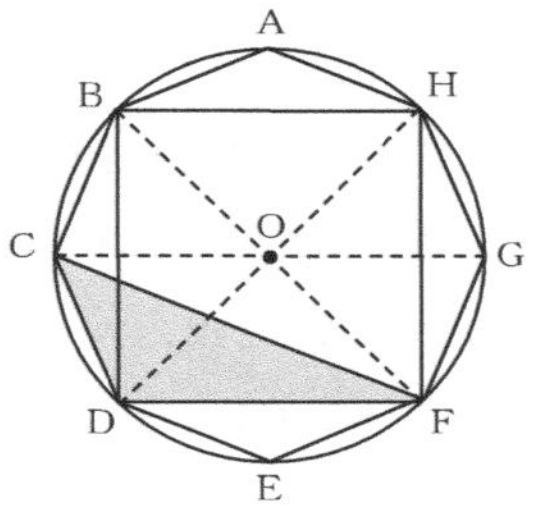

③ 右図でＣＧとＤＦは平行だから，三角形ＣＤＦと三角形ＯＤＦは面積が等しい。正方形ＢＤＦＨは正方形ＡＣＥＧと合同だから，面積が 200 cm²である。
三角形ＯＤＦの面積は正方形ＢＤＦＨの面積の$\frac{1}{4}$だから，200×$\frac{1}{4}$＝50(cm²)
よって，三角形ＣＤＦの面積は 50 cm²である。

4 (1)② 簡易検流計の針は，電流が流れる向きにふれる。図２で，簡易検流計の針は右にふれているから，電流は簡易検流計の左側から右側に向かって流れていることがわかる。よって，電流の流れる向きは㋐である。また，電流は，かん電池の＋極から－極に流れることからも，電流の向きが㋐とわかる。

(2) てこがつりあうとき，左右のうでの〔おもりの重さ(g)×支点からのきょり(cm)〕が等しくなる。ここでは，支点からのきょりをうでの番号に置きかえて考えると，左のうでの〔おもりの重さ×支点からのきょり〕は 60×１＝60 だから，てこがつり合うためには，右のうでのおもりを２の位置に動かしたときの重さを 60÷２＝30(g)，３の位置に動かしたときの重さを 60÷３＝20(g)にすればよい。つまり，右のうでのおもりについて，支点からのきょりを２倍，３倍，…としたとき，おもりの重さは$\frac{1}{2}$倍，$\frac{1}{3}$倍，…とすればよい。

(3)① 異なる極(Ｎ極とＳ極)は引きつけ合い，同じ極は退け合う。よって，方位磁針のＮ極が引きつけられた[ア]のくぎの頭は，Ｓ極になっている。 ② [ア]のくぎの頭がＳ極だから，[ア]のくぎの先はＮ極になっていて，[ア]のくぎの先(Ｎ極)とくっついていた[イ]のくぎの頭はＳ極になっている。よって，[イ]のくぎの先はＮ極になっているので，方位磁針のＳ極(白い方)が引きつけられる。

5 (1) ヨウ素液はでんぷんに反応して，青むらさき色に変化する。試験管[ア]ではヨウ素液の色が変化し(でんぷんが残り)，試験管[イ]ではヨウ素液の色が変化しなかった(でんぷんがなくなった)ことから，だ液のはたらきによって，でんぷんが別のものに変化したと考えられる。

(4) こん虫の６本(３対)のあしは，すべて胸についていることも覚えておこう。

6 (3) ア×…ものを同じ体積の水にとかすとき，とける量はものによって異なる。

7 (2)① つぶの大きなものから順にしずむ。砂とどろでは，砂の方がつぶが大きいので下にたい積する。

(3)② エ×…津波《つなみ》はおもに地震《じしん》によっておきる大規模な波のことである。なお，台風による海面の上昇《じょうしょう》を高潮という。

《解答例》

一　1．冷静／事態　　2．イ　　3．⑴エ　⑵末永が一人になるよう、みんなでじゃんけんで出すものを合わせる
⑶ア　⑷おそれ
4．(例文)
「ぼく」は末永をだまし傷つけてしまったことを後悔し、末永のことを思いやり、解決方法も考えています。このことから、「ぼく」は優しく正義感が強い人物だと思います。
私は、「ぼく」のように、悪いことをしてしまった時は、反省し周りの友達にも注意できるような人になりたいです。

二　1．もとで／あんい　　2．イ　　3．ウ　　4．a．クリーム　b．消費者　c．このクリームで若く見えると
5．ア
6．(例文)
洋服やクツなどを買う時に考えないで買っている。
理由は、テレビなどで、流行が紹介されていて、自分に合うかどうか考えないで、商品を買っているからである。

三　1．寒流　　2．エ　　3．エ　　4．二百　　5．漁業で働く人が年々減ってきている。中でも、若い人が少なくなってきていること。

四　1．平安　　2．ウ　　3．ウ　　4．F　　5．御家人たちは幕府からほうびの土地をもらうことができず、不満を持つようになり、幕府と御家人との関係は、くずれていった。

五　1．A．リデュース　B．リユース　C．リフューズ　　2．①

六　(例文)
日本の森林は人工林が半分近くを占める、その人工林は手入れをしないままだと、木も健康に保てず、山崩れ等の災害も起きやすくなるが、近年では木材の国内生産も減り、林業で働く人の数も減ったことで、昔に比べ木が切られなくなり、森林の手入れ（間ばつ）が難しくなっている。

《解　説》

一　2　「くぎをさす」は、後で問題が起こらないように、あらかじめ念をおしておくこと。
3⑴　I　をふくむ部分の「武藤に、まちがっても今日はやるなよとくぎをさしておきたかった」や、三時間目のあとにろう下で武藤に出会ったときに、「もしかすると自分からこ問の浅井先生かキャプテンの中田さんにうちあけたのではないか」と考えていることから、「悪だくみ」の提案者は「武藤」だとわかる。　⑵　「ぼく」が末永をハメたことを後悔《こうかい》し、「昼休みのコート整備を当番制にかえてもらう」ことを考えていること、昼休みに一年生で集まった時に「一番いいのは、このままふつうにグーパーじゃんけんをすることだった。うまく分かれてくれればいいが、偶然《ぐうぜん》、グーかパーがひとりになる可能性だってある。ハメるつもりがないのに、末永がまたひとりになってしまったら」と不安に思っていることなどから、だれがコートの整備をやるかを決める時に、グーパーじゃんけんで末永が一人になるように、末永以外のメンバーで同じものを出すと示し合わせていたことがうかがえる。　⑶　「後悔」の気持ちが読みとれる表現だから、「顔をうつむかせて」とある、アが適する。「うつむく」は下を向くこと。　⑷　══線アの3～4行前に「それに対して末永は、今日もまたハメられるかもしれないというおそれをかかえながら朝練に出てきたのだ」と、末永の気持ちを推測した一文がある。

二　４ a　「おぼれる者は藁《わら》をもつかむ」の「藁」は「役に立たないもの」をたとえたものである。また、形式段落6では、「ものを売りつけようとする人」が売ろうとしているものでもある。よって、「クリーム」が適する。

b　藁をつかんだ人、すなわち藁を買った人。8で言うとクリームを買った人だから、「消費者」が適する。

c　「藁とは思っていない」は、藁が役に立たないものだと気づいていないということ。9で、筆者はクリームの効果を疑問視しているから、(効果がないことに気づかず)「クリームで若く見えると」思っているということである。

５　形式段落2に「テレビを見ても、聞いても、自分で考えるという姿勢が大切です」とある。また、9と10では、筆者は「みるみるうちに効く」とうたっている商品や、コマーシャルで持ち出される「グラフ」は、信用できないと述べている。このような姿勢も、自分で考えてみる大切さを表したものである。よって、アが適する。

三　１　寒流　　日本近海の海流は，右図を参照。

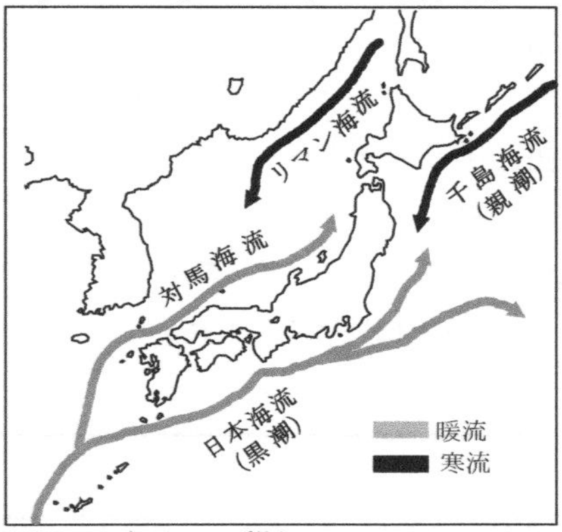

２　エ　　ア．北海道，長崎県，静岡県ともに，農業生産額が漁業生産額を上回っているから誤り。イ．静岡県は日本海に面していないから誤り。ウ．資料１からは漁港の数はわからないので誤り。漁港数が最も多いのは長崎県である。エ．長崎県の米の生産額は127億円，沖縄県の米の生産額は６億円で，127÷６＝21.1…より，20倍以上だから正しい。

３　エ　　ア．沖合漁業が著しく減少したのは1990年以降だから誤り。イ．資料２からは水産物の輸入量はわからないので誤り。沖合漁業が減少したのは，イワシのとりすぎなどによる。ウ．沖合漁業の生産量だけで約700万トンの生産量があるから，日本全体の生産量は700万トンをはるかにこえるので誤り。

４　二百　　各国が，排他的経済水域を設定したことで，遠洋漁業の漁場が少なくなり，日本の遠洋漁業は衰退していった。排他的経済水域…沿岸から200海里以内の水域のうち，領海を除く範囲。この範囲内では，他の国にじゃまされずに，漁業，鉱産資源の開発，海底探査などが自由にできる。

５　漁業で働く人の数が減っていること，その中でも若者の割合が減っていることを盛り込もう。

四　１　平安　　桓武天皇が平安京に都を置いた794年から，源頼朝が鎌倉幕府を開くまでのおよそ400年間を平安時代とする。

２　ウ　　鑑真は唐の僧で，何度も渡航に失敗しながらも，６度目にようやく日本にたどり着き，仏教の正式な戒律を日本に伝えた。

３　ウ　　1274年の文永の役では，博多湾に上陸され，集団戦法と火器に苦しまされた。

４　F　　資料１は，南蛮貿易のようすを表している。南蛮貿易…スペインやポルトガルとの貿易。

５　鎌倉幕府では，将軍と御家人が土地を仲立ちとして，御恩と奉公の関係で主従関係を結んでいた。元寇では，御家人たちは命がけで戦い，天候にも助けられて元軍を退けることには成功したが，防衛戦で新たな領地を獲得《かくとく》できなかったため，功績をあげた御家人にほうびとしての恩賞を与えることができなかった。分割相続によって御家人の領地が縮小していく中で，生活に困窮《こんきゅう》する者も現れ，幕府に対する不満は大きくなっていった。その後，永仁の徳政令を出して，御家人の借金を帳消しとしたが，効果は一時的なものであった。

五　１　A＝リデュース　B＝リユース　C＝リフューズ　　リペア(修理する)を加えて５Rとすることもある。

２　①　　リサイクル料金は，消費者が負担する。

六　グラフ①からは，人工林が全体の半分近くを占めることを読み取る。グラフ②からは，林業で働く人が減少し，特に59歳以下の働く人の減少が著しいことを読み取る。グラフ③からは，木材の輸入量が増え，国内生産量が減っていることを読み取る。資料１からは，間ばつが行われないとさまざまな災害が起きやすくなったり，健康な木が育たなかったりすることを読み取る。以上を関連させてつなげればよい。

《解答例》

1　(1)70　(2)ア　(3)60，120　(4)5.5　(5)1100　(6)24　(7)2400

2　(1)2　(2)読んだ本の冊数が10冊以上の人の割合は，５年生は$\frac{1}{10}$，６年生は$\frac{1}{10}$で等しいから，５年生から６年生では多くなるとは言い切れない。

3　(1)三角形ＡＢＣと三角形ＣＤＡは，合同である。　(2)①10　②1.6　(3)①$2\frac{1}{3}$　②2.4

4　(1)①ふるえている　②㋐○　㋑×　㋒○

(2)①ア．大きく〔別解〕強く　イ．強くなる〔別解〕大きくなる　②右図

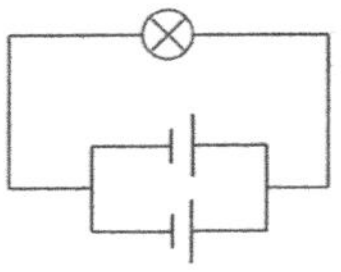

5　(1)答え…言えない　理由…変える条件が複数あるため，この実験からは，発芽に適当な温度が必要であるとは言えない。　(2)肺　(3)花…③　たね…ア　(4)え→い→あ→う　(5)4　(6)関節

6　(1)ア．ちっ素　イ．酸素　(2)①130　②水温が高くなるとミョウバンのとける量は増える。

③※学校当局により全員正解

7　(1)①満月　②クレーター　(2)あ　(3)ア　(4)液状化

《解　説》

1　(1)　与式＝(6.1－1.5×２＋2.3×３)×７＝(6.1－３＋6.9)×７＝10×７＝70

(2)　ア．x－２(個)ずつ囲んであるおはじきが４組と，４個の囲まれていないおはじきがあるから，(x－２)×４＋４となり，これは式にあう。　イ．x－１(個)ずつ囲んであるおはじきが４組あるから，(x－１)×４となり，式にあわない。　ウ．x個ずつ囲んであるおはじき４組の個数から，二重に囲んであるおはじき４個分を引けばよいので，x×４－４となり，式にあわない。

(3)　立方体の１辺の長さは，12，15，10の公倍数となるから，一番小さい立方体の１辺の長さは12，15，10の最小公倍数である。３つ以上の数の最小公倍数を求めるときは，右のような筆算を利用する。３つの数のうち２つ以上を割り切れる素数で次々に割っていき(割れない数はそのまま下におろす)，割った数と割られた結果残った数をすべてかけあわせれば，最小公倍数となる。よって，12，15，10の最小公倍数は，２×３×５×２＝60

2)	12	15	10
3)	6	15	5
5)	2	5	5
	2	1	1

求める立方体の１辺の長さは60㎝だから，縦に60÷12＝５(個)，横に60÷15＝４(個)，上下に60÷10＝６(個)のブロックが並ぶので，全部で，５×４×６＝120(個)

(4)　棒の長さとその影《かげ》の長さが等しいから，木の長さは影の長さと等しくなる。同じ理由から，地面と垂直な面にできた影を地面に映しても，長さは変わらない。よって，地面にできているか地面に垂直な面にできているか関係なく影の長さをすべて足せばよいから，木の高さは，1.5×３＋0.5×２＝5.5(m)となる。

(5)　容器の内側の縦と横の長さは12－２＝10(㎝)，高さは12－１＝11(㎝)だから，容積は，10×10×11＝1100(㎤)となる。

(6)　色のついた部分の面積は，

(三角形ＡＢＣの面積)＋(ＡＢを直径とする半円の面積)＋(ＡＣを直径とする半円の面積)－(ＢＣを直径とする半円の面積)となるので，

６×８÷２＋３×３×3.14÷２＋４×４×3.14÷２－５×５×3.14÷２＝

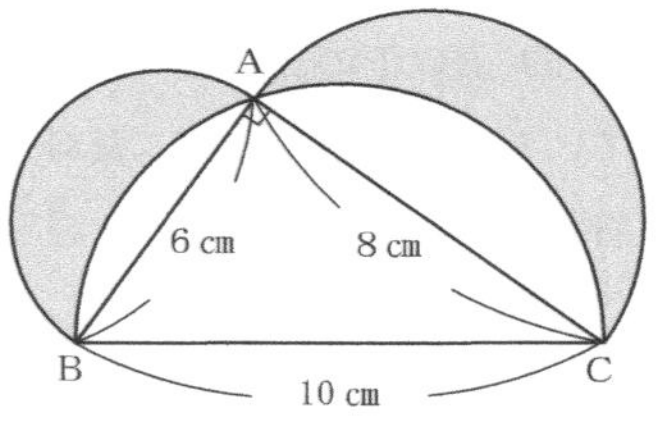

$24+(\frac{9}{2}+\frac{16}{2}-\frac{25}{2})\times3.14=24$(㎠)となる(円周率を3.14としている)。

(7) 兄と弟のこづかいの比は９：７だから，兄と弟のこづかいは⑨と⑦と表せる。二人の金額の差が300円だから，⑨－⑦＝②が300円にあたる。よって，こづかいの合計は，$300\times\frac{⑨+⑦}{②}=2400$(円)となる。

2 (1) 読んだ本の冊数が５冊から９冊の人数は，１年生は100×0.12＝12(人)，６年生は120×0.05＝６(人)となる。よって，６年生に比べ，１年生の人数は12÷６＝２(倍)となる。

(2) ５年生の人数は90人で，読んだ本の冊数が10冊以上の人数は９人であり，その割合は，$\frac{9}{90}=\frac{1}{10}$となる。
６年生の人数は120人で，読んだ本の冊数が10冊以上の人数は12人であり，その割合は，$\frac{12}{120}=\frac{1}{10}$となる。
よって，読んだ本の冊数が10冊以上の人数の割合は同じである。

3 (1) ある図形を別の図形にぴったり重ね合わせることができるとき，この２つの図形は合同である。

(2)① 折り返したとき重なるので，ＡＥ＝ＡＢ＝４㎝，角ＡＥＣ＝角ＡＢＣ＝90°である。
さらに，角ＡＦＥ＝角ＣＦＤ(対頂角)なので，三角形ＡＥＦと三角形ＣＤＦは合同である。
したがって，ＡＦ＝ＣＦ＝５㎝だから，三角形ＡＦＣの面積は，５×４÷２＝10(㎠)

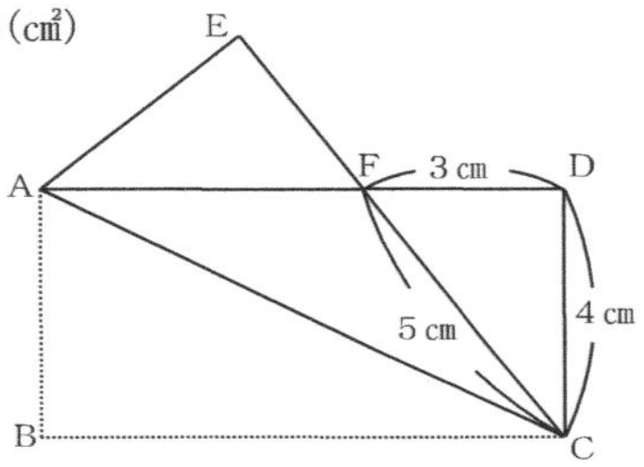

② 三角形ＡＥＣと三角形ＡＦＣは辺ＡＣが共通なので，ＡＣを底辺としたとき，面積比と高さの比が等しくなる。また，底辺をそれぞれＥＣ，ＦＣとしたときの高さが等しいから，面積比はＥＣ：ＦＣと等しくなる。つまり，ＥＣがＦＣの長さの何倍かを求めればよい。
①より，ＥＦ＝ＤＦ＝３㎝だから，求める割合は，(３＋５)÷５＝1.6(倍)

(3)① 平行四辺形の向かい合う辺の長さは等しいから，ＡＤ＝ＢＣ＝７㎝である。
ＡＦ：ＦＤ＝２：１なので，$FD=7\times\frac{1}{2+1}=\frac{7}{3}=2\frac{1}{3}$(㎝)となる。

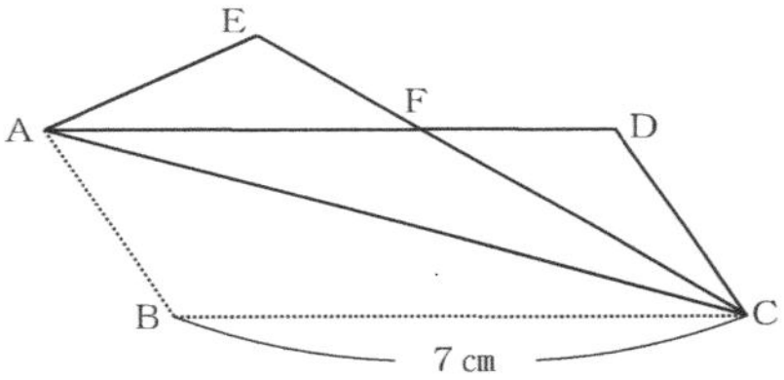

② 平行四辺形の向かい合う辺は等しく，向かい合う角も等しいことと，折り返したとき重なることから，
ＡＥ＝ＡＢ＝ＤＣ，角ＡＥＦ＝角ＡＢＣ＝角ＡＤＣ
さらに，角ＡＦＥ＝角ＣＦＤ(対頂角)なので，
三角形ＡＥＦと三角形ＣＤＦは合同である。したがって，三角形ＣＤＦの面積は2.8㎠である。
三角形ＣＤＦと三角形ＡＣＤは，底辺をそれぞれＦＤ，ＡＤとしたときの高さが等しいから，面積比はＦＤ：ＡＤ＝１：３となるので，三角形ＡＣＤの面積は，$2.8\times\frac{3}{1}=8.4$(㎠)
平行四辺形は１本の対角線によって面積が２等分されるから，平行四辺形ＡＢＣＤの面積は，8.4×２＝16.8(㎠)
よって，平行四辺形ＡＢＣＤの底辺をＢＣとしたときの高さは，16.8÷７＝2.4(㎝)

4 (1)① ものがふるえることで音が出る。　② ㋐○…糸電話では，糸がふるえることで音が伝わる。　㋑×…糸を指でつまむと，糸がふるえないので，音が伝わらない。　㋒○…糸をはり金にかえても音は伝わる。

(2)① コイルに流れる電流が大きく，コイルのまき数が多いほど電磁石は強くなる。

5 (1) ある条件について調べたいときは，その条件だけがことなる２つの実験の結果を比べる。「あ」と「い」では，適当な温度の条件の他に，水や光の条件もことなるので，実験の結果が適当な温度によるものであるかはわからない。

(2) 肺は酸素と二酸化炭素を交かんして呼吸を行う臓器である。

(3) ホウセンカの種子は丸い形をしている。

(5) １はトンボの幼虫(ヤゴ)，２はモンシロチョウの幼虫，３はトノサマバッタの幼虫(成虫)である。

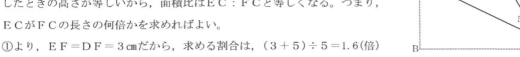

6 (1)(ア) 空気の約 78%はちっ素，約 21%は酸素である。　(イ) ものを燃やすはたらきがある気体は酸素である。

(2)① 100＋30＝130(g)　② 図１より，水温が高くなるほど，100gの水にとけるミョウバンの量が増えていることがわかる。

7 (1)① 下線部では，月と日(太陽)が反対の方向に見えている。太陽と月がこのような位置関係になるときの月は満月である。　② クレーターはいん石などのしょうとつによってできる。

(2) 太陽は東の地平線からのぼり，南の空を通って，西の地平線にしずむので，かげは西，北，東の順に動いていく。よって，「あ」が午後２時，「い」が正午，「う」が午前10時である。

(3) ア○…グラフより正しい。　イ×…グラフより，14 時ごろに最も気温が高くなっている。　ウ×…グラフからはジメジメしているかどうかはわからない。　エ×…グラフからは風が強いかどうかはわからない。

(4) 液状化は，水分を多くふくむ砂の土地で起こりやすいといわれている。

《解答例》

一　1．黄身／興味　2．ウ　3．ギャラリーが増えたことや、卵を割りそこねた子がまだいないことから、卵をうまく割れるだろうかという不安がさらに強くなり、すっかり落ち着きをなくした様子。　4．まわりで見ていた子が、「私」の気持ちを考えずに、口笛を吹いたり手を打ってはやしたりすること。　5．ウ

6．Ⅰ．イ　Ⅱ．カ

7．(例文)

二つの文章から、失敗してもはげまして元気づけてくれたり、子どものことを思ってしかってくれたりするお母さんの優しさを感じました。私の母も、いつも「だいじょうぶだよ」とはげましてくれます。すると、またがんばろうと思えます。そして、私がいけないことをすると、きちんとしかってくれます。父も、いつも私を見守り、応えんしてくれます。ときどき反こうしてしまうこともありますが、私はそんな家族のことが大好きです。

二　1．そくてい／しょり　2．動き　3．脳には同時にさまざまな処理を行う複数の回路が存在していて、それらが、同じ外部世界について、それぞれ異なった解釈をするということ。

4．(例文)

脳には複数の回路が存在していて、その並行処理の結果のうち、意識に上る部分はほんのわずかにすぎません。だから筆者は、自分に見えているものがすべてで、それがいつでも正しいと思いこむことは、単なる思い上がりにすぎないと述べています。

私はこれまで、このような脳の仕組みを全く知りませんでした。私たちはふだんいろいろなものを見たり聞いたりしていますが、それらをわかったつもりでも、実はわかっていない可能性があることがわかりました。これからは、自分が意識上でとらえたことが、もしかしたら脳が間違って解釈したものかもしれないと思いなおすことも必要なのだと思いました。

三　1．ユーラシア　2．季節風と山地の影響で、太平洋側に雨が多く、日本海側に雪が多いなどのちがいがある。

〔別解〕南北に細長いので、南北で気温の差が大きい特徴がある。　3．右図　4．ア　5．地元でとれた食料を消費する取り組み。　6．イ

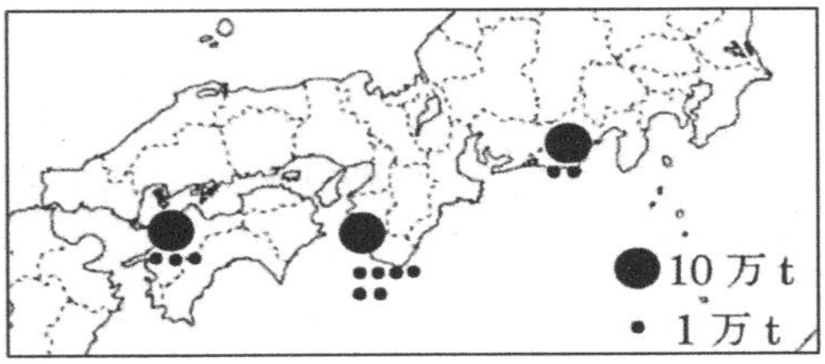

四　1．イ，ウ　2．源頼朝　3．ア　4．幕府は、御家人に領地の支配を認めたり新しく与えたりした。戦いが起これば御家人たちは幕府のために戦った。　5．ア，エ　6．武士と百姓という身分が区別された。

7．朝鮮　8．エ　9．ウ

五　1．A．争いごと　B．犯罪　AとBは順不同　C．法律　2．国民が裁判員として裁判に参加する制度。

〔別解〕国民の中から選ばれた人が裁判員として話し合い判断する制度。　3．三〔別解〕3　4．E．立法　F．司法　G．行政　5．一つの機関に権力が集中しないようにしている。〔別解〕役割を分担して集中しないようにしている。

《解　説》

一　3　「私」は，調理実習の前日に卵《たまご》の夢を見てしまうほどに，卵を「うまく割れるだろうか」という強い不安を抱《いだ》いて登校した。そこに，ギャラリーが増え，「卵を割りそこねた子はまだいないらしいことが，さらにプレッシャーをかける」という悪い条件が加わったのである。こうした状きょうから，「私」がすっかりきん張し，落ち着きをなくしていることが読み取れる。

4　直後の一文で，子どもたちの「残酷《ざんこく》」な行動が説明されている。

5　短歌の「夕餉《ゆうげ》のときにいつも」の部分は，少なくとも「子を叱《しか》る」の部分よりは前にくるのが自然である。ウの倒置法《とうちほう》は，強く印象づけるため，ことばの順序を逆にする方法。

6Ⅰ　直前の「それでは子どもはいつまでも不注意な食べ方をすることになる」とつながる内容を選ぶ。この部分を言いかえると，子どもをきちんと育てるには叱らなければならないということになるので，これに近いイが入る。

Ⅱ　直前の「夕餉のときに」「いつも」という表現と，エの「リズミカルではずむような」や，オの「さらさらと流れるような」は合わない。また，「作者の深い疲《つか》れとかなしみ」と合うのは，カの「ぽつりぽつりと切れるような口調」である。

二　2　「細かな」がくわしく説明している部分を探す。細かいのは「動き」である。

3　──線①は，「脳《のう》には複数の回路が存在《そんざい》していて，それらが同時にさまざまな処理《しょり》を行って」いることを表現したもの。脳がこうした方式をとっていることで，「外部世界の解釈《かいしゃく》が，意識と無意識では食い違《ちが》って」しまうということが起こる。

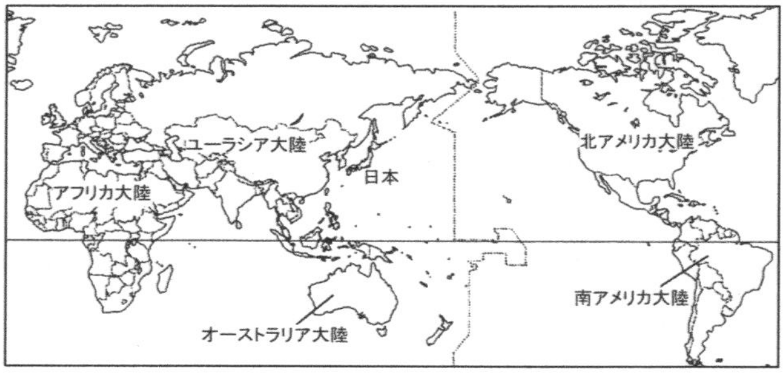

三　1　正距方位図法でなければ正確な方角はわからないが，日本から西(左)の方向へ行くと，ユーラシア大陸を最初に通過する。

2　太平洋側の鹿児島県奄美市では雨が多く，日本海側の岐阜県白川村では冬に雪が多いことがわかる。日本において，夏の南東季節風は太平洋側に大量の雨を降らせる。冬の北西季節風は日本海側に大量の雪を降らせる。南の鹿児島県奄美市では年間を通じて暑く，北の北海道稚内市では冬は寒さがきびしいことがわかる。

3　16 万 t ＝10 万 t ×１＋１万 t ×６より，和歌山県は大きい黒丸１つと小さい黒丸６つ，13 万 t ＝10 万 t ×１＋１万 t ×３より，愛媛県は大きい黒丸１つと小さい黒丸３つをあらわす。

4　アが正しい。【資料２】から読み取れる内容である。　イ．【資料４】より，農業機械が広まったことで効率が良くなり，米作りの作業時間が大幅に減少した。　ウ．【資料４】は農家 100 戸当たりの台数であり，日本全体の台数ではない。　エ．【資料４】より，トラクターとコンバインの台数は年々増加している。

5　地産地消によって，生産者と消費者との距離が近くなり，消費者が安心して農産物を購入できるようになる。また，地元の人々が地元の農家がつくった農産品を買えば，その地域のお金は他の地域に流出することなく，地域内で循環する。輸送距離が少なくなることで，トラックなどから排出される二酸化炭素の量を抑えることができる。

6　イが正しい。メールの最後に「日本とほぼ同じ経度に位置しています」とあるから，日本の真南に位置するオーストラリアと判断できる。アはインド，ウはアメリカ，エはブラジル。

四　1　平安時代のイとウが正しい。アとエは室町時代の説明である。

2　壇ノ浦の戦いで平氏を滅ぼしたこと，鎌倉幕府を開いたことから，源頼朝と判断できる。源頼朝は，敵の攻撃から守るのにつごうがよいなどの理由から，三方を山に囲まれて海に面している鎌倉に幕府を開いた。

3　壇ノ浦の戦いは山口県下関市の海上で行われたから，アを選ぶ。イは岡山県，ウは大阪府，エは神奈川県。

4　鎌倉時代，御家人は，奉公として京都や鎌倉の警備につき命をかけて戦い，幕府は，ご恩として御家人の以前からの領地を保護したり，新たな領地を与えたりした。このような主従制度を封建制度という。

5　アとエが正しい。織田信長は，安土城下に出した楽市・楽座令でも知られる。　イ．信長の天下統一事業は叶わなかったが，信長の後継者である羽柴(豊臣)秀吉が明智光秀を滅ぼし，その後秀吉によって天下統一事業が完成された。　ウ．信長は各地の関所を廃止して物資の流通がさかんになるようにし，領内の商工業の発展につとめた。

6　豊臣秀吉の(太閤)検地では，検地帳に耕作者の名前が記入されることで百姓は勝手に土地を離れられなくなり，刀狩では百姓が武器を使って戦うことができなくなったため，武士との身分が区別されるようになった(兵農分離)。

7　豊臣秀吉は，明征服をもくろみ，その通り道となる朝鮮に２度にわたって出兵したが，李舜臣などの活躍により苦戦し，秀吉の病死をきっかけに日本軍は撤退した。

8　エが正しい。藤原道長は有力な貴族であり，藤原氏の摂関政治(娘を天皇のきさきとし，生まれた子を次の天皇に立て，自らは天皇の外戚として摂政や関白となって実権をにぎる政治)が全盛だった頃の摂政であった。源頼朝・織田信長・豊臣秀吉は武士であった。　ア．キリスト教が伝わる前…ＡとＢ，伝わったあと…ＣとＤ　イ．豪族が力を持っていたのは古墳時代，天皇中心の政治が確立されたのは飛鳥時代。　ウ．戦国の世が統一されていない頃…Ｃ，統一されたあと…Ｄ

9　Ａ．藤原道長(平安時代)→Ｂ．源頼朝(鎌倉時代)→足利義満(室町時代)→Ｃ．織田信長(安土桃山時代)→Ｄ．豊臣秀吉(安土桃山時代)

五　1　Ａ・Ｂ．犯罪が起きた場合は刑事裁判が行われる。財産上の争いなど，個人と個人の私的な争いごとは民事裁判が行われる。

2　裁判員制度では，重大な刑事事件の一審について，20 歳以上の国民からくじで選ばれた６人の裁判員と，３人の裁判官で審議し，有罪か無罪か，有罪であればどのような量刑が適当かを決定する。

3　日本では，慎重に審議することでえん罪を減らすために三審制が採用されている。

4・5　立法権を持つ国会・行政権を持つ内閣・司法権を持つ裁判所の三権が分散・独立し，お互いに抑制し合い，バランスを保つことで権力の集中やらん用を防いでいる。

《解答例》

1 (1)20　(2)$\frac{9}{440}$　(3)$x\times(x+3)$　(4)540　(5)0.625　(6)16，1360　(7)3

2 (1)ア．8　イ．6　(2)中央値が6点だから，高いほうでも低いほうでもない。

(3)2点以上4点以下は11人なので，11÷35＝0.3142…　約0.31

5点以上7点以下は9人なので，9÷35＝0.2571…　約0.26

8点以上10点以下は15人なので，15÷35＝0.4285…　約0.43

よって，8点以上10点以下の割合が0.43と一番高いので，達成できている。

3 (1)5024

(2)50点の部分の面積　10×10×3.14＝100×3.14

10点の部分の面積　30×30×3.14－20×20×3.14＝(900－400)×3.14＝500×3.14

このことから，(10点の面積)÷(50点の面積)＝(500×3.14)÷(100×3.14)を計算すればよい。

わられる数とわる数を3.14でわっても商は変わらないので，(500×3.14)÷(100×3.14)＝500÷100＝5

よって，10点の部分の面積は50点の部分の面積の5倍になる。　(3)30

(4)メダル1個の重さは，30÷5＝6(g)　箱を除いたメダル全部の重さは，872－200＝672(g)

よって，672÷6＝112　したがって，メダルは112個できた。

4 (1)①極〔別解〕磁極　②へい列つなぎ　(2)①つなげてつるすとふりこの長さが変わるから　②19秒

(3)Aが重い　理由…全体の重心の位置からA，Bそれぞれの重心までの長さがAの方が短いから

5 (1)①イ　②ウ．羊水　エ．たいばん　③ミツバチが花粉を集め，別の花に運ばれた花粉がめしべにつくことによって受粉させるため　(2)ウ→イ→ア→エ　(3)光が当たらない場所で水と空気とほどよい温度がそろう条件

6 (1)①二酸化炭素　②体積〔別解〕かさ　③水の温度を上げる　④0.1 kg　(2)空気中の水蒸気が冷やされて目に見えるすがたの水に戻った

7 (1)①星座　②夏の大三角　(2)①地層　②化石　(3)校庭の土はつぶが小さくゆっくりと水がしみこむため水たまりができたが，砂場の砂はつぶが大きくよく水がしみこむため水たまりができなかった

《解　説》

1 (1)　組み直しても面積は変わらないことから考える。この長方形の面積は，16×25＝400(㎠)

400＝20×20だから，正方形にしたときの1辺の長さは20㎝である。

(2)　与式＝$(\frac{3}{4}-\frac{3}{5})\times\frac{3}{22}=(\frac{15}{20}-\frac{12}{20})\times\frac{3}{22}=\frac{3}{20}\times\frac{3}{22}=\frac{9}{440}$

(3)　できた長方形は，たての長さが$x$cm，横の長さが$(x+3)$cmだから，面積は$x\times(x+3)$で求められる。

(4)　厚紙でできた図形の面積とその重さは，比例の関係にある。

正方形Bは，面積が(15×15)㎠で重さが15gだから，重さが36gのAの面積は，$(15\times15)\times\frac{36}{15}$＝540(㎠)

(5)　求める割合は，$\frac{(黒いご石の個数)}{(全体のご石の個数)}=\frac{200}{120+200}$＝0.625

(6)　2人の間の距離《きょり》は，1分間で85＋65＝150(m)短くなる。同時に出発したときの2人の間の距離は2400mだから，2人が出会うのは，出発してから2400÷150＝16(分後)で，みかさんの家から85×16＝1360(m)のところである。

(7)　畑を全部耕すのに必要な仕事量を，６と９の最小公倍数である⑱とすると，１時間あたりの仕事量は，父１人が⑱÷６＝③，ごろうさん１人が⑱÷９＝②となる。父が４時間耕したあとの残りの仕事量は⑱－③×４＝⑥だから，ごろうさんが残りを耕すのにかかる時間は，⑥÷②＝３(時間)である。

2　(1)　最ひん値は，最も人数の多い点数だから，８である。

中央値は，35÷２＝17 余り１より，点数を大きさ順で並べたときの 18 番目の点数である。

５点以下が２＋５＋４＋６＝17(人)，６点以下が 17＋１＝18(人)なので，大きさ順で 18 番目の点数は，６点となるから，中央値は６である。よって，ア＝８，イ＝６

(2)　全体の中で自分が真ん中より上なのか下なのかを知りたいときは，中央値と比較する。

(3)　割合は，(その段階にふくまれる人数)÷(全体の人数)で求められる。

3　(1)　円全体の半径は 10×４＝40(cm)なので，面積は，40×40×3.14＝1600×3.14＝5024(cm²)

(2)　【花子さんの説明】のように，円周率である 3.14 のかけ算を計算しないでおくと，あとで計算がしやすくなることがある。円周率をふくむ計算をするときに利用しよう。

(3)　１人が 20 分間で作るメダルは，20÷５＝４(個)　　よって，必要な人数は，120÷４＝30(人)

(4)　(メダルの個数)＝$\dfrac{\text{(メダル全部の重さ)}}{\text{(1個あたりのメダルの重さ)}}$で求められる。箱の重さは除いて考えることに注意しよう。

4　(1)①　磁石の極にはＮ極とＳ極があり，Ｎ極とＳ極は引きつけ合い，Ｎ極どうし，Ｓ極どうしは反発し合う。

②　図１のようにかん電池２個を並列つなぎにすると，豆電球の明るさはかん電池１個のときと変わらない。なお，かん電池２個を直列つなぎにすると，豆電球の明るさは図１のときより明るくなる。

(2)①　ふりこの長さは，糸をつるす点からおもりの重さがかかる点(重心)までの長さである。図２の右側のように，おもりを縦に３個つなぐと，おもり全体の重心は真ん中のおもりの中心の位置になり，おもりが１個のときよりもふりこの長さが長くなってしまう。このため，ふりこの１往復する時間が，ふりこの長さによって変化したのか，ふりこの重さによって変化したのかわからなくなってしまう。ある条件について調べたいときは，それ以外の条件をすべて同じにする必要がある。　②　ふりこが10往復する時間の平均が，1.8×10＝18(秒)だから，１回目から３回目までのふりこが10往復する時間の合計は，18×３＝54(秒)である。よって，〔ア〕に当てはまる３回目の結果は，54－18－17＝19(秒)である。

(3)　てこを左右にかたむけるはたらき〔おもりの重さ×支点からの距離《きょり》〕が左右で等しくなるときにつり合う。図３のＡとＢの重心の位置は，それぞれ右図の●のような位置にあり，支点からＡの重心までの距離は，支点からＢの重心までの距離より短いと考えられるから，Ａの方が重いと考えられる。

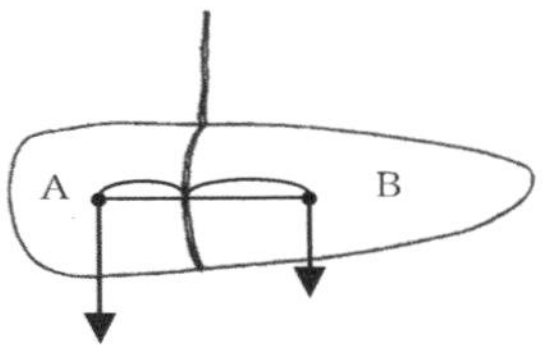

5　(1)①　おすは背びれに切れこみがあり，しりびれの後ろが長い。これに対し，めすは背びれに切れこみがなく，しりびれの後ろが短い。　②　胎盤《たいばん》は胎児の成長に必要な養分や不要物などのやりとりが行われるところ，へそのおはそれらの物質が通るところである。　③　マンゴーのように，ミツバチなどの昆虫《こんちゅう》によって受粉が行われる花を虫媒花《ちゅうばいか》という。

(2)　倍りつを高くすると，見える部分(視野)がせまくなり，調べたいものが視野の外に出てしまうことがあるので，倍りつを高くする前に調べたいものが真ん中にくるようにする。また，接眼レンズをのぞきながら対物レンズとプレパラートを近づけると，対物レンズとプレパラートがぶつかってしまうおそれがあるので，対物レンズとプレパラートを遠ざけながらピントを合わせる。

(3)　もやしの説明に「発芽させた食品」とあるから，種子が発芽する必要がある。実験１～３より，発芽には水，空気，ほどよい温度が必要だとわかる。また，実験４より，日光を当てると元気に育ってしまうので，もやしにはならないと考えられる。日光を当てなくても発芽はするので，日光を当てずに弱々しく育てればもやしになる。

6 (1)① 木や紙のように，燃えると二酸化炭素が発生するものを有機物という。 ② 空気はあたためられると体積が大きくなる。なお，このとき重さは変化しない。 ④ 1 kgは1000 g だから，$\frac{100}{1000}=0.1$(kg)である。

7 (1)② 夏の大三角に対し，オリオン座の「ベテルギウス」，おおいぬ座の「シリウス」，こいぬ座の「プロキオン」を結んでできる三角形を冬の大三角という。

(3) つぶの大きさが大きいと，他のつぶとの間にできるすき間が大きく，水がしみこみやすい。また，土と砂では，砂の方がつぶが大きい。

《解答例》

一　1．先生が教室にお入りになる〔別解〕先生が教室に入られる　2．エ　3．エ
4．耳をかたむけ／耳をすませ／耳をすまし／耳をそばだて のうち1つ　5．③いた　④構造　⑥失った
6．与える(のです)　7．イ　8．⑴いのちが過去からずっとと切れずにつながっていること
⑵(例文)
日野原先生の文章で紹介されていた「シャボン玉」の歌が印象的で、相田みつをさんの詩にはげまされているような気持ちになりました。どちらも命の大切さについて書かれていて、これまで命について深く考えたことがなかった私には新せんでした。今日の授業を通して、「生きること」とは自分の命も他人の命も同じように大切にしていくことだと考え、どちらもかけがえのない「いのち」なのだと強く感じました。

二　1．小さくくだけたプラスチックを水中から取り除くのはほぼ不可能で、それらを生き物が飲みこむ可能性が高いから。　2．イ　3．a．紫外線　b．酸素　c．海洋生物による粉砕　4．食物連鎖〔別解〕有害化学
5．ア
6．(例文)
先日、ストローが鼻にささっているウミガメの動画を見ました。ストローなどのプラスチック製品は、私たちに便利さや手軽さをもたらします。しかし、ゴミになれば自然界では分解できず、海洋生物の命を傷つけたり、うばったりします。人間が便利さや手軽さのために使った物が、自然の中で生物を苦しめていることが、問題点です。
この問題に対処するために私たちができることは、プラスチック製品を使わないよう意識して生活することだと考えます。私は、買い物にはマイバッグを持参してビニール袋を使わないようにする、使い捨てのスプーンやストローをもらわないようにするといった取り組みをすることができます。

三　1．尖閣〔別解〕せんかく　2．平野　3．①エ　②C　4．ハザードマップ　5．他の生産地の出荷時期とずらして生産し、出荷している。／他の生産地で生産しにくくなる時期に出荷している。／出荷時期を旬の時期とずらした時期にして、高い価格で売れる工夫をしている。のうち1つ　6．ユニバーサルデザイン
7．①(マス)メディア　②ウ〔別解〕エ

四　1．大和王権／大和朝廷／大和政権 のうち1つ　2．大和王権は、埼玉県から熊本県まで支配していた。(下線部は大和朝廷／大和政権，関東地方から九州地方でもよい)　3．㋐イ　㋑オ　㋒エ　4．ウ　5．太政大臣
6．ウ　7．書院造　8．イ　9．イ　10．ウ

五　1．X．司法　Y．行政　2．ア，エ　3．A・B・C・D．税金／税／租税 のうち1つ　E．社会保障
4．ウ

六　1．持続可能　2．ユニセフ

《解　説》

一　1　主語にする「先生」の「入る」という動作に「尊敬語」を用いる。よって，「お入りになる」「入られる」のどちらかを使って答える。

2　a．「生徒が好んで歌う唱歌や童謡《どうよう》」と同類の例である「その学校の校歌」を挙げているので，「あるいは」が入る。　b．「聴診器《ちょうしんき》を子どもたちに渡《わた》し～心音《しんおん》を聴《き》かせます」ということをしたあと，それに続けて「『小さ

い動物～速く打っているんだよ』ということを教えます」とあるので，「そして」が入る。　c．「年齢《ねんれい》の話」をする際に最初にすることを示しているので，「まず」が入る。　よって，エが適する。

3　「校歌」(その学校を象徴《しょうちょう》する歌)は，前の漢字が後の漢字を説明している組み立てで，エの「初雪」(その冬に初めて降る雪)が同じ。アの「終止」は，同じような意味の漢字の組み合わせ。イの「左右」は，反対の意味の漢字の組み合わせ。ウの「投票」(票を投じる)は，後の漢字から前の漢字に返って読むと意味がわかるもの。

6　「心に」が，続く部分のどこにかかるかということ。「心に」どうするのか，と考える。

7　A【先生が紹介《しょうかい》してくれた文章】の３段落目の内容に，イが合う。アの「一つの教科に注目させて」，ウの「教師が一方的に説明することが大切である」，エの「大人が知らないことを，子どもたちが解説できることが『いのちの授業』で最も必要なことであり」は適さない。

8(1)　詩の中の「過去無量の(過去から，はかりしれなく多い)いのちのバトンを受けついで」に着目しよう。リレーで走者が次の走者にバトンを手わたすように，「いのち」がずっと受けつがれているということ。「バトン」は，あとの人に引きわたすもののたとえとして用いられる。

二　著作権に関係する弊社《へいしゃ》の都合により本文を非掲載《ひけいさい》としておりますので，解説を省略させていただきます。ご不便をおかけし申し訳ございませんが，ご了承《りょうしょう》ください。

三　1　尖閣諸島付近の海底には石油や天然ガスなどの資源が大量にあるとされ，中国が領有権を主張している。

2　平地には，海に面した平野，周囲が山に囲まれた盆地，周囲よりも一段高い台地などがある。

3①　札幌市は冬の寒さが厳しく，梅雨がないため夏の降水量が少ないのでエを選ぶ。アは三重県，イは新潟県，ウは沖縄県の都市の雨温図である。

4　ハザードマップには，火山噴火や洪水，津波，土砂災害などの自然災害について，災害が起きたときに被害が発生しやすい地域や緊急避難経路，避難場所などが示される。

5　【資料２】から，沖縄県・群馬県では，旬の時期とずらして農作物を出荷していることを読み取ろう。高い値段で売るために出荷時期をずらす栽培方法として，農作物の生長を早める促成栽培，農作物の生長を遅らせる抑制栽培を覚えておこう。

6　【資料３】の回転シートは，足腰の弱った高齢者や車椅子の人でも，車の乗り降りがしやすくなるようにデザインされている。多目的トイレでは，車椅子が回転しやすいように広く，便座へ移動しやすいように手すりを取り付けたデザインになっている。

7①　「マス」は大衆，「メディア」は情報媒体を意味する。　②　ウが正しい。テレビのアンケート機能を使って，視聴者がクイズ番組の解答者として参加することなどができる。また，マスメディアには間違った情報が含まれていることもあるため，情報をそのまま受け取らず，正しい情報かどうかを調べたり，詳しい人に聞いたりして確かめることが大切である。このような取り組みをメディアリテラシーという。新聞などは，情報を受け取ることはできるが，発信することはできないので，エも正しいといえる。

四　1　大和王権の中心となった大王は，後に天皇と呼ばれるようになった。

2　ワカタケル大王は，中国の歴史書『宋書』倭国伝に記されている，倭王武と同一人物とされている。

3　聖徳太子は，豪族に役人としての心構えを説くために十七条の憲法を制定した。また，仏教を広めるために法隆寺を建立し，蘇我馬子と協力して天皇中心の政治を目指した。

4　ウが誤り。中大兄皇子や中臣鎌足らは蘇我氏を滅ぼした後，豪族が支配していた人民や土地を国家が直接支配する公地公民の方針を示し，大化の改新に着手した。

5　平清盛は，一族の者を朝廷の高い位につけ，自らは太政大臣の地位に就いて，西日本を中心として政治の実権をにぎった。また，娘の徳子を高倉天皇にとつがせ，その子を安徳天皇とした。

6　ウが誤り。歌舞伎は，安土桃山時代に出雲の阿国が始めた歌舞伎踊りが，江戸時代に男性の舞う芸能に発展していった。

7　書院造は，畳やふすま，床の間・ちがいだななどが設けられていることが特徴である。

8　イが正しい。親藩は徳川家一門，譜代は古くから徳川氏に従っていた大名である。

9　イの参勤交代を選ぶ。アとウとエは，徳川家康の命令で徳川秀忠のときに定められた武家諸法度の内容である。

10　ウが誤り。農地改革の実施は戦後の昭和時代の出来事である。

五　1　司法権(裁判所)・行政権(内閣)・立法権(国会)を分散・独立させ，権力の集中やらん用を防いでいる(三権分立)。

2　アとエが正しい。エは弾劾裁判についての記述である。　イ．国会議員は，国民によって選挙で選ばれる。ウ．国会では，多数決で法案を採決する。

3　Aは所得税，Bは消費税，Cは法人税，Dはその他の税金である。Eの社会保障には，年金や医療保険，介護保険，生活保護などの費用が含まれる。

4　ウ．厚生労働省は，社会保障や公衆衛生に関する業務を担当している。文部科学省は教育・科学・スポーツに関する業務，財務省は国家財政に関する業務，外務省は外交に関する業務を担当している。

六　1　「持続可能」とは，世界規模で，環境・経済・人間社会のバランスがとれた社会を取り戻し，将来の世代も豊かで便利で快適な生活を目指すことを意味する。

2　ユニセフ(国連児童基金)は，世界の子どもたちが平和で健康な生活を送れるように，食料や医薬品を届けたり，予防接種を受けられるようにするための募金活動を行ったりしている。

沖縄県立中学校　2021 令和３年度　適性検査Ⅱ

《解答例》

1　(1)207　(2)455，394　(3)830　(4)378　(5)29　(6)165　(7)Ａコース…420　Ｂコース…270

2　(1)①空気＞水＞金属　②ろ過　③二酸化炭素　(2)ウ　(3)ピンポン玉の空気がお湯であたためられて体積が大きくなったのでへこみがなくなる。

3　(1)①地層　②断層　③化石　(2)火山灰の層が２つあるので２回。　(3)月の左側が光っているので，太陽は左側にある。太陽は東から昇るので日の出。(下線部は東側でもよい)

4　(1)450　(2)選んだもの…イ　理由…グラフ２のサッカーと野球が好きな人の割合はグラフ１に比べると小さいが，中学校の全校生徒の人数がわからないと人数を比べることができないので，中学校では小学校よりサッカーと野球が好きな人の人数が少ないとはいえない。

5　(1)ウ　(2)台形／ひし形／平行四辺形　のうち２つ(ア，イは順不同)　(3)面積…16　求め方…まず，台形１つの面積は，正六角形の面積の半分になるので，$12\times\frac{1}{2}=6$。次に，三角形１つの面積は，ひし形(平行四辺形)の半分となる。また，ひし形(平行四辺形)の１つの面積は，正六角形の面積の$\frac{1}{3}$になるので，三角形１つの面積は，正六角形の$\frac{1}{6}$にあたり，$12\times\frac{1}{6}=2$となる。求める長方形の面積は，台形が２つ，三角形が２つあるので，式で表すと，$12\times\frac{1}{2}\times2+12\times\frac{1}{6}\times2=16$　よって，答えは16㎠となる。　(4)54

6　(1)５の位置におもりを２個／４の位置に１個，６の位置に１個　のうち１つ　(2)①アとエ　②ウ＞イ＞ア＞エ　(3)電流を流したときだけ磁石のはたらきをするから。

7　(1)①デイゴ　②関節　③ア，イ，ウ　(2)①右図　②すべての葉を取り除く／茎だけを残す／葉の数を減らす／葉の両面にワセリンをぬる　などから１つ

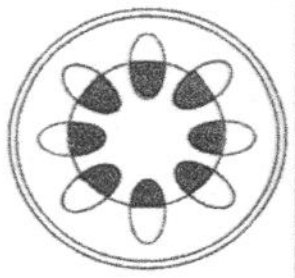

《解　説》

1　(1)　与式＝48×２×4.14－46×4.14＝96×4.14－46×4.14＝(96－46)×4.14＝50×4.14＝207

(2)　一の位を四捨五入するとき，460になる整数は455～464の整数であり，390になる整数は385～394である。差がいちばん小さくなるのは，大きい方の整数が最小の455，小さい方の整数が最大の394となるときである。

(3)　それぞれの値段を求める。チーズケーキの値段は$350\div\frac{7}{6}=300$(円)，シュークリームの値段は$300\times\frac{3}{5}=180$(円)なので，代金の合計は，350＋300＋180＝830(円)である。

(4)　16％引きのときは$450\times\frac{16}{100}=72$(円)値引きされる。よって，50円引きよりも安くなるから，求める代金は450－72＝378(円)である。

(5)　今週の１週間の貸出冊数の合計が20×５＝100(冊)以上になればよい。月曜から木曜までの貸出冊数の合計は25＋23＋13＋10＝71(冊)だから，金曜日に最低100－71＝29(冊)借りればよい。

(6)　グラフより，Ａは５分間で300枚印刷するので，９分間で$300\times\frac{9}{5}=540$(枚)印刷する。Ｂは３分間で125枚印刷するので，９分間で$125\times\frac{9}{3}=375$(枚)印刷する。よって，求める差は，540－375＝165(枚)である。

(7)　1.8㎞＝1800ｍより，Ａ２周＋Ｂ１周＝1110ｍと，Ａ３周＋Ｂ２周＝1800ｍの２つの式を変形して，ＡかＢの数をそろえてから，式どうしの引き算をする。Ａ２周＋Ｂ１周＝1110ｍを２倍すると，Ａ４個＋Ｂ２個＝2220ｍとなる。この式からＡ３周＋Ｂ２周＝1800ｍを引くと，Ａ４－３＝１(周)は2220－1800＝420(ｍ)とわかる。よって，Ｂ１周は1110－420×２＝270(ｍ)

2 (1)① 水は液体，空気は気体，金属は固体である。これらのうち，最も体積が変化しやすいのは気体の空気，最も変化しにくいのは固体の金属である。 ② 水溶液はろ紙を通りぬけるが，水溶液に溶けきれなくなって出てきたものはろ紙を通りぬけることができないので，ろ過によって分けることができる。 ③ 炭酸水は二酸化炭素の水溶液である。なお，塩酸は塩化水素の水溶液である。

(2) ウ○…外側の金属を体積の変わり方が最も大きい亜鉛にすればよい。

(3) ピンポン玉の中には空気が入っている。へこみができてしまったピンポン玉を熱い湯につけると，ピンポン玉の中の空気の体積が大きくなるので，へこみがなくなる。

3 (2) 図１の火山灰の層に着目する。火山灰の層が２層あることから，火山の噴火は少なくとも２回あったことがわかる。

(3) 図２の月は南の空で左側半分が光る下弦の月である。月は太陽の光を反射して光って見えるので，このとき太陽は東の地平線付近にある。したがって，日の出である。

4 (1) 全体の16％$=\frac{16}{100}=\frac{4}{25}$が72人だから，求める人数は，$72\div\frac{4}{25}=450$(人)

(2) (サッカーと野球が好きな人の人数)＝(全体の人数)×(サッカーと野球が好きな人の割合の合計)で求められる。

5 (1) 図２の立体は，１つの頂点に３つの面が集まっている。図１のウは，１つの頂点に４つの面が集まっているところがあるから，図２の立体にできない。

(2) 図３について，右図のように正三角形３つで台形，正三角形２つでひし形または平行四辺形ができている。

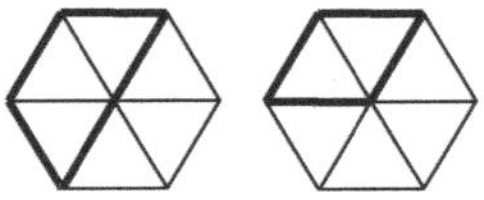

(3) 解答例以外にも，以下のように考えられる。右図Ⅰのように正六角形を６個の正三角形にわけ，矢印の向きに図形を移動させると，色のぬられた部分は，図Ⅱのように正三角形８個分となる。正三角形１個の面積は，12÷６＝２(㎠)だから，求める面積は，２×８＝16(㎠)である。

図Ⅰ
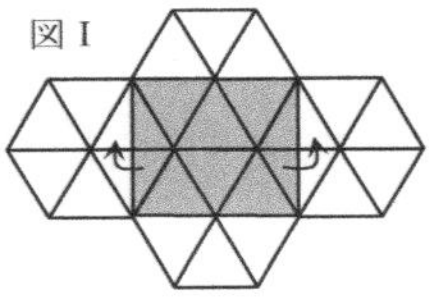

図Ⅱ
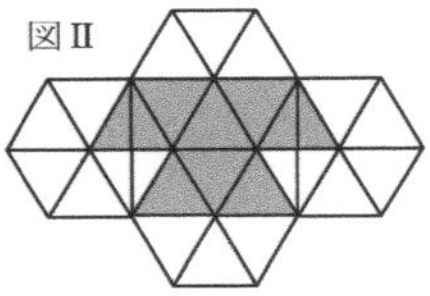

(4) 右図ⅰの矢印の向きに図形を移動させると，色のぬられた部分は，図ⅱのようになる。
図ⅱより，求める面積は，正六角形の面積２個分と正六角形を半分にした台形の面積２個分と太線で囲まれた図形の面積２個分の和で求められる。

図ⅰ
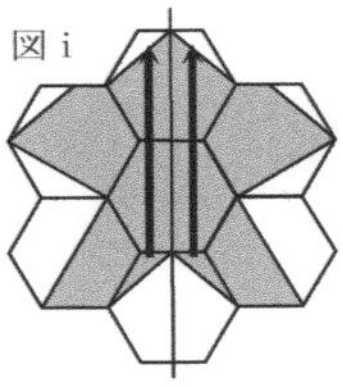

図ⅱ
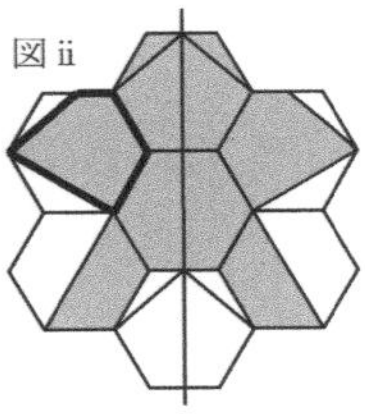

図ⅲ
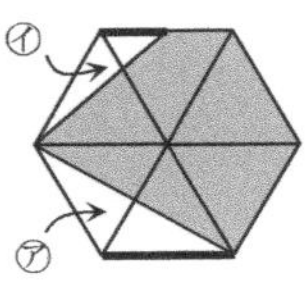

図ⅱの太線で囲まれた図形の面積を求める。図ⅲのように作図すると，㋐の部分の三角形の面積は，(3)より２㎠とわかる。㋐と㋑の三角形は，底面をそれぞれ図ⅲの太線とすると，高さが等しいから，面積の比は底辺の長さの比に等しく２：１となる。よって，㋑の三角形の面積は，２÷２＝１(㎠)である。したがって，図ⅱの太線で囲まれた図形の面積は，12－２－１＝９(㎠)だから，求める面積は，12×２＋12÷２×２＋９×２＝54(㎠)

6 (1) てこを左右にかたむけるはたらき〔おもりの重さ(g)×支点からの距離〕が左右で等しくなるときにつり合う。図１で，てこを左にかたむけるはたらきは10×２＋20×４＝100だから，右にかたむけるはたらきも100になるようにする。したがって，４に１個，６に１個または５に２個つるす。

(2)① ある条件について調べたいときは，その条件だけが異なる２つの実験の結果を比べる。コイルを巻く回数について調べるので，巻いた数が異なり電池の数が同じアとエを比べる。 ② コイルを巻いた回数が多く，電池の数が多いほど，電磁石は強くなるので，ウ＞イ＞ア＞エの順である。

(3)　電磁石は電流を流したときだけ磁石のはたらきをするので，リサイクル工場で重くて大きな鉄のかたまりを運ぶときなどには，鉄のかたまりをはなすときに磁石のはたらきがなくなる電磁石の方が有効である。

7　(1)②　ヒトのうででは，関節をまたぐようにして，筋肉が２つの骨についている。一対の筋肉の一方がゆるみ，一方が縮《ちぢ》むことで，うでの曲げのばしができる。　③　ア，イ，ウ○…こん虫のからだはあたま，むね，はらの３つの部分に分かれており，６本のあしはすべてむねから出ている。ダンゴムシやクモはこん虫ではない。

(2)①　図３の茎の断面図で，内側は根から吸い上げた水や養分が通る管(道管という)，外側は葉で作られた栄養分が通る管(師管という)である。　②　葉から水蒸気となって蒸発しないように，葉の条件を変える。ワセリンをぬることで，水蒸気となって蒸発する部分(気こうという)をふさぎ，蒸発しないようにする。

《解答例》

一　1．①編　②象　2．①オ　②イ　3．ウ　4．原因　5．エ　6．エ　7．①話しことば　②簡潔　8．「思います」という表現をわざと書くことによって、その表現の仕方がよくないことを強調しているから。

9．(例文)

私のまわりでは、「ディスる」など略した日本語が多く使われ、私自身も使う機会が増えています。

しかし、不かいに感じる人がいるかもしれないので、誰が聞いても気持ちのよい言葉を選び、気持ちが伝わるように工夫します。

二　1．a．ア　b．ウ　c．エ　2．イ　3．親譲りで、まじないくらいでは治らない。

三　1．(5)　2．ア，ウ，エ　3．天気予報　4．ウ　5．こころよい　6．対句　7．エ

8．詩が悪い　9．銀河鉄道の夜／注文の多い料理店／風のまたさぶろう　などから2つ　10．イ

11．(例文)

「明日は今日になってこそ／生きることができる」には、今日一日を懸命に生きることの大切さが書かれていると思います。これはこの詩の主題にもなっていると考えます。

詩は難しいという人もいますが、言葉の意味よりも味わうことが、詩の面白さだと思うので、皆さんも詩を楽しんでみませんか。

四　1．[名前／グラフ]　A．[京浜／(う)]　B．[中京／(あ)]　C．[阪神／(い)]　2．①キ　②エ　③ケ　④カ　⑤ア　⑥ク　⑦セ　⑧シ　3．日本からの輸出をおさえ、貿易のバランスをとるために海外生産を増やした。

五　1．鑑真　2．イ　3．遣唐使廃止後、貴族のはなやかな生活の中から独自の文化が生まれ広まった。

4．①束帯　②十二単(衣)　5．①ウ　②エ　③イ　④ア

六　1．一九四七年　2．A．国民投票　B．国民審査　3．基本的人権　4．教育を受けさせる義務／勤労の義務／納税の義務　5．もちこませない

七　1．衆議院／参議院　2．ウ　3．A．内閣総理大臣〔別解〕首相　B．国務大臣　4．閣議

《解　説》

一　2① 「自覚」　ア．格　イ．閣　ウ．確　エ．格　オ．覚　② 「原則」　ア．息　イ．則　ウ．測　エ．側　オ．速

3 「目をとめる」は、注目する、注意して見るという意味。「山本明氏が～つよい調子で書いているから」興味をもち、注目したのである。よって、ウが適する。

4 「結果」の対義語であることや、辞書で「けんいん」と「げんいん」の間にのっていることがヒントになる。

5 上級生のことばの中に「“AはBだと思います”としなくちゃいけない。いかにも自分の考えが真理みたいに“AはBであります”というのはケシカラン」とある。断定する言い方である「AはBであります」はよくないので、「AはBだと思います」とすべきだということは、「……と思います」という言い方には断定をさける効果があると言える。よって、エが適する。

6 ア．「ナマイキだ」と言われたのは弁論大会でしゃべっただれかである。Aの筆者が「ナマイキだ」と言われ

たわけではないので、適さない。　イ．「ホームルームで先生に教えられてきたから」というのは、「『……と思います』が若い人の間でよく使われるようになった原因」としてあげられている説の一つである。山本氏もAの筆者もこの説が正しいときめてはいないので、適さない。　ウ、エ．Bの筆者は、リポーターがよく使う「○○したいと思います」という表現について、「実際にはやめるつもりがないのに、『思います』と表現する、違和《いわ》感を覚えます」と述べている。だから、女性リポーターが「『思います』という一歩下がった表現を使っている」ことについても違和感を覚えていると考えられる。よって、「女性リポーターが～感心している」とあるウは適さず、エが適する。

7① Aの文章に「山本さんも、話しことばでの『……と思います』にはいくらか寛容《かんよう》のようである」とあるので、「話しことば」が入る。「寛容」は、一定の理解を示し、厳しくとがめないこと。　② Bの文章に「『○○したいと思います』という文章は、まわりくどいですよね」とある。まわりくどいということは、「簡潔」ではないということである。

二　1(a) 使いに行きたくない太郎冠者が、「いたしようがある」と、病気のふりをすることを思いついた場面なので、アが適する。　(b) 主に聞こえるように、「あいたあいた」と痛がる声を上げている場面なので、ウが適する。

(c) 主が「えい～なんとした」と太郎冠者に呼びかけている場面なので、エが適する。

2 太郎冠者が痛がる声を聞いて、「太郎冠者。なんとした」とたずねているので、イの「呼びかけ」が適する。

3 すぐ後の「親譲《ゆず》りのしびりでござるによって～治りませぬ」の部分をまとめればよい。

三　1 (1)～(4)は、第一行が「ひとつの小さな～があるといい」のくり返しになっているなど、全体の構成が似ているので、一つのまとまりである。よって、(5)が適する。

2 ア．(1)～(4)は、第一行が「ひとつの小さな～があるといい」のくり返しになっているので、適する。　イ．オノマトペは、「きらきら」「とんとん」といった言葉。この詩ではこういった言葉が使われていないので、適さない。ウ．たとえば、(1)の「所」「表情」などは名詞なので、適する。　エ．たとえば、(1)の第一行と第二行は語順が逆になっているので、適する。

4 (1)～(4)と(6)は、第一行と第二行が似たような構成になっている。(1)～(4)の第一行にある「ひとつの小さな○○」は、すべて明日につながるものや明日のためのものであり、「今日」のものである。よって、①には「今日」が入る。(1)～(4)の第二行は、すべて「明日」からはじまっているので、②には「明日」が入る。(6)の第三行の「歩き慣れた細道が地平へと続き」は、「今日」を表す「歩き慣れた細道」が、「明日」を表す「地平(の向こう)」に続いていることを表している。今日は明日につながっていることから、③には「今日」が、④には「明日」が入る。よって、ウが適する。

8 1つ目の⑥の前に「自分が悪いか、詩が悪いかってことでしょ？」とあるので、⑥には「自分が悪い」または「詩が悪い」が入る。2つ目の⑥の後で、谷川氏は「いいんです。その場合はすぐに捨てて、他の詩を読む」と言っている。2つ目の⑥に「自分が悪い」が入ると、他の詩を読めばいいという話につながりにくい。また、この発言を受けた宮藤氏の発言に「詩の場合は『俺《おれ》が馬鹿《ばか》なんじゃないか』と思っちゃうんですよ」とあり、宮藤氏は今まで、詩が面白くないのは自分が悪いのだと思っていたということがわかる。それが2つ目の⑥をふくむ「あ、詩が悪いでいいんですか？」という、谷川氏の答えを意外に思う発言につながっている。

10 ――線②では、宮藤氏の、子どもに絵本を読ませたときの話を受けて、同調しつつ話をまとめているので、イが適する。

四　1　Ａは東京から横浜までの沿海部を中心とした京浜工業地帯であり，金属の割合が低くその他の割合が高い㋒と判断する。首都東京は情報の集積地なので，印刷出版などのその他の工業割合が高い。Ｂは，愛知県と三重県にまたがる中京工業地帯であり，機械の割合が極端に高い㋐と判断する。中京工業地帯には，愛知県豊田市や三重県鈴鹿市を中心に自動車関連工場が広がる。Ｃは大阪から神戸までの沿海部を中心とした阪神工業地帯であり，金属の割合が高く，分類別の割合にあまり差が見られない㋑と判断する。古くから発達した阪神工業地帯は，さまざまな製造業の中小工場が広がっている。

2　工業地帯には，京浜・中京・阪神・(北九州)，工業地域には，瀬戸内・東海・鹿島臨海・関東内陸などがある。日本では，燃料・原材料を海外から輸入し，製品を輸出する加工貿易が行われ，船舶による輸送が行われてきたために，輸送に便利な沿岸部に工業が発達した。四大工業地帯を結ぶ沿岸部に東海工業地域・瀬戸内工業地域をつくることで，関東南部から九州北部までの太平洋側の沿岸部に帯状に連なる太平洋ベルトが形成された。高速道路の発達と飛行場が整備されるようになると，工業地域は内陸部にも進出し，関東内陸工業地域(北関東工業地域)などが形成された。ＩＣ工場などが建設された東北自動車道は，シリコンロードとよばれている。

3　1980年代になると，日本からアメリカへの自動車の輸出が多くなり，日本の貿易黒字，アメリカの貿易赤字が大きくなる貿易摩擦が起きた。そのため，国内の自動車工場をアメリカに移転させることで，貿易摩擦を解消し，アメリカでの雇用を増大させようとした。その後，生産コストをおさえるために，人件費の安い中国に日本国内の製造業の工場が移転し，現在ではより人件費の安いインド・ベトナム・タイ・インドネシアなどに生産の拠点が移っている。

五　1　「何度も航海に失敗し，失明しながらも」から鑑真と判断する。鑑真は，正しい仏教の戒律を伝えるために来日し，唐招提寺を建設した。

2　イの聖武天皇が正しい。仏教の力をかりて国を守ろうとする考えを「鎮護国家」という。

3　国風文化は，唐の文化をもとにして，日本の生活や文化に合わせてつくった文化である。国風文化を代表するものとして，ひらがなカタカナなどの仮名文字，貴族の住む館の寝殿造などがある。

4　男性の束帯の色は，官位によって決められていたと言われている。

5　①＝ウ，②＝エ，③＝イ，④＝アである。土佐日記は，紀貫之が女性になりすまして書いた日記である。女性になりすました理由は，土佐日記はひらがなで書かれていて，当時ひらがなを使うのは女性が多かったためと言われている。枕草子は，「春はあけぼの　やうやう白くなりゆく…」で始まる随筆である。紫式部は，藤原道長の娘である，中宮彰子に仕えていた女性である。

六　1　日本国憲法は，1946年11月3日に公布され，1947年5月3日から施行された。

2　Ａが国民投票，Ｂが国民審査である。憲法改正の手順は，まず，衆議院と参議院の両院で総議員の３分の２以上の賛成を得て，国会が憲法改正の発議をする。その後の国民投票で，有効投票の過半数の賛成を得ると，天皇が国民の名において，公布を宣言する。最高裁判所裁判官の国民審査は，衆議院議員総選挙と同時に行われ，罷免《ひめん》を希望する裁判官に×をつけて投票する制度である。(罷免＝やめさせること)

3　基本的人権には，自由権・平等権・社会権などがある。

4　普通教育を受けさせる義務は，保護者にあり，教育を受ける権利は子どもにある。

5　非核三原則を唱えた佐藤栄作首相は，その後ノーベル平和賞を受賞した。

七　1　衆議院には民意をより反映させることが期待され，参議院には良識の府として，衆議院の行き過ぎを抑え，さまざまな角度から審議することが期待される。

2　ウが内閣の働きではない。法律の制定は国会の権限である。

3　内閣総理大臣は首相とも呼ばれる。国務大臣は，文部科学省・厚生労働省・財務省などの省庁の長として専門的な仕事を担当する。国務大臣の過半数は国会議員でなければいけない。また，国務大臣の人数は 14 人以下と決められている。

4　閣議決定は，全員一致を原則としている。

沖縄県立中学校　2020 令和2年度　適性検査Ⅱ

《解答例》

1 (1)②，④　(2)こども…880　大人…1320　(3)15　(4)324　(5)125

2 (1)右図　(2)右図

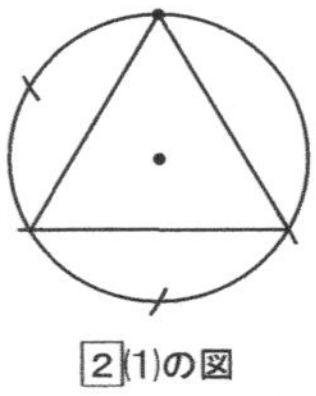

2(1)の図

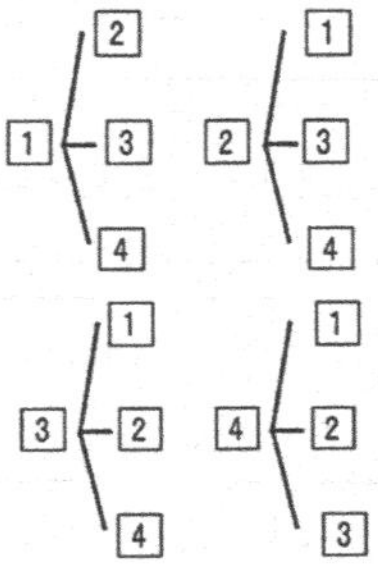

2(2)の図

3 (1)①回路　②電磁石　③作用点　(2)おもりの重さ以外の条件は変えずに行う。　(3)12

4 (1)①体積　②酸素　③じょう発　(2)青いリトマス紙が赤色に変わることを確認する。次に，アルミニウムなどの金属を加えた時に水素が激しく発生することを確認する。　(3)6.6

5 (1)57　(2)65

6 (1)①ア，イ　②エ　③オ　④ウ　(2)立方体の頂点はすべて３つの<u>面</u>が集まってできている。図１のイには，すでに４つの<u>面</u>が集まっている点がある。このことから，図１のイについては，合同な正方形をどこにつなげても，立方体の展開図にすることはできない。(下線部は<u>辺</u>でもよい)

7 (1)家庭学習の時間が60分未満の人の方が，23人多い。　(2)記号…イ　理由…グラフから，家庭学習の時間が60分以上の人は，25人いることが分かる。家庭学習の時間が60分以上の人の割合は，学級全体が35人だから，25÷35＝0.71…　約71％となる。したがって，かずきさんの立てた目標は達成できなかった。

8 (1)ア．③　イ．②　ウ．⑧　(2)植物〔別解〕牧草　(3)小さな生き物は，魚や鳥などの生き物に食べられる。小さな生き物がいなくなると，それらを食べる生き物がいなくなり，人が魚や鳥を食べることができなくなる。

9 (1)①８　②アメダス　③インターネット／新聞／ニュース　などから１つ　(2)右図　(3)10月頃の台風は，発生してからしばらくは西へ進み，そのあとに北(東)へ進むことが多いから，台風16号が接近する可能性が高い。

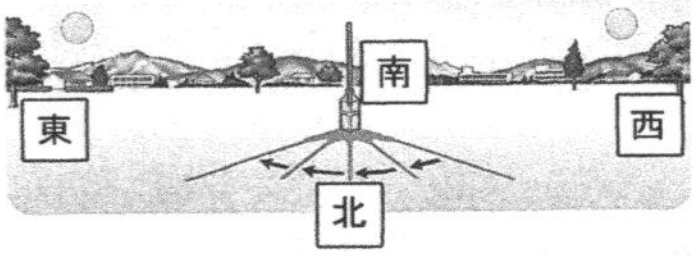

《解　説》

1 (1)　できるだけ簡単な計算で，サービス券がもらえるかどうかを正しく見積もりたいから，大きい位から考える。買う予定のものについて，百の位のみの金額の合計は，300＋500＋900＋600＋500＝2800(円)になる。ここまででは，サービス券はもらえないとなるが，十の位のみの金額の合計が，3000－2800＝200(円)以上であれば，サービス券がもらえる。十の位のみの金額の合計は，20＋90＋40＋20＋40＝210(円)なので，百の位と十の位の金額の合計は，2800＋210＝3010(円)となり，サービス券がもらえるとわかる。したがって，一の位の金額の計算をしなくてもサービス券がもらえるとわかるから，この場合，②と④の方法で計算すると正しく見積もれる。なお，①と③の方法では十の位の数が変化するので，ふさわしくない。

(2)　10人に使ったお金の合計は1560＋2500＋6500＝10560(円)なので，大人４人分に使ったお金と，こども６人分に使ったお金は，それぞれ10560÷２＝5280(円)である。よって，大人１人が使ったお金は5280÷４＝1320(円)，こども１人が使ったお金は5280÷６＝880(円)である。

(3)　１人買い終わるのに６÷４＝$\frac{3}{2}$(分)かかるので，みきさんはあと$\frac{3}{2}$×10＝15(分)で自分の番になる。

(4)　輪の外側の円の直径は６×２＝12(cm)，輪の太さは６－４＝２(cm)である。

２こ目以降の輪は，１こつなぐごとに長さが12－２×２＝８(cm)増える(右図参照)。よって，最初の輪に40－１＝39(こ)の輪をつないだ，全部で40この輪つないだときのはしからはしまでの長さは12＋８×39＝324(cm)になる。

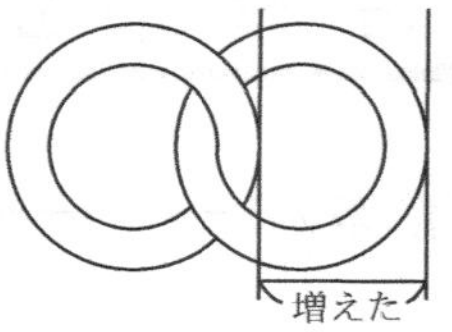

(5)　２回目にはね上がったときは，落とした場所の高さの$\frac{3}{5}\times\frac{3}{5}=\frac{9}{25}$(倍)だけはね上がる。

２回目にはね上がったとき，かごの高さとボールの半径10÷２＝５(cm)を合わせて40＋５＝45(cm)以上の高さがあればよいので，最初にボールを45÷$\frac{9}{25}$＝125(cm)以上の高さから落とせばよい。

2　(1)　円の中心と正三角形の各頂点をそれぞれ結ぶと，右図のようになる。このとき，３点Ａ，Ｂ，Ｃは円周を３等分しているから，角ＡＯＢ＝角ＢＯＣ＝角ＣＯＡ＝360÷３＝120(度)とわかる。また，120＝60×２だから，正三角形の１つの内角が60度であることを利用する。右図の色付きの三角形が正三角形となるためには，半径よりＡＯ＝ＤＯだから，ＡＤ＝ＡＯであればよい。よって，解答の図のように，円の半径の長さをとり，円周上の１点から等間かくに印をつけると，円周を６等分する点がとれるから，それを利用して正三角形を作図する。

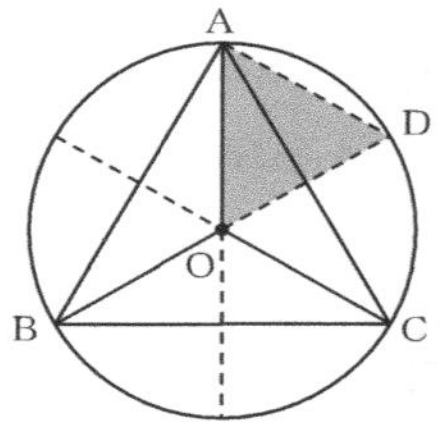

(2)　十の位の数が１のとき，一の位の数は２か３か４になる。十の位の数が２，３，４のときも同様にして考えると解答のような図となる。また，表でまとめると右表のようになる。

		一の位の数			
		1	2	3	4
十の位の数	1		12	13	14
	2	21		23	24
	3	31	32		34
	4	41	42	43	

3　(1)③　てこの棒を支える位置を支点，力を加える点を力点，力がはたらく点を作用点という。ここでは，棒に手などで力を加える点を力点とすると，おもりの位置は作用点である。

(2)　ある条件について調べるときは，調べたい条件以外をすべて同じにして結果を比べる。

(3)　くぎによって，左右でふりこの長さが変わる。左側半分は50cmのふりこ，右側半分は25cmのふりこになるので，図２のふりこでの10往復の時間は，50cmと25cmのふりこでの10往復の時間の和の半分になる。したがって，(14＋10)÷２＝12(cm)となる。

4　(1)②　酸素は空気中に約20%ふくまれる気体で，ものを燃やすはたらきがある。　③　水の表面から水じょう気に変化する現象をじょう発という。なお，加熱することによって水の内部から水じょう気に変化する現象をふっとうという。

(2)　ア～オのうち，酸性の水溶液は塩酸と炭酸水である。これらを調べるためには，水溶液を青色リトマス紙に付けて赤色に変わることを確かめる。次に，これらの酸性の２種類の水溶液にアルミニウムなどの金属を加えたとき，激しく水素が発生するかどうかを確かめる。激しく水素が発生する方が塩酸である。なお，ア～オの５種類の水溶液に鉄を加えたとき，激しく水素が発生するかどうかを確かめる方法もある。この場合，激しく水素が発生するものが塩酸である。

(3)　表は50mlの水にとけるホウ酸の量であることに注意する。50℃の水100mlにホウ酸は5.7×２＝11.4(g)までとける。この水よう液を20℃に下げたので，20℃の水100mlにホウ酸は2.4×２＝4.8(g)とけることから，11.4－4.8＝6.6(g)のホウ酸が出てくる。

5　(1)　右図のように線を引くと，斜線《しゃせん》部分の面積は，半径10÷２＝５(cm)の半円の面積から，対角線の長さが10cmの正方形の半分の面積を引くことで求められる。正方形の面積は(対角線の長さ)×(対角線の長さ)÷２で求められるので，斜線部分の面積は，５×５×3.14÷２－10×10÷２÷２＝14.25(cm²)である。よって，求める面積は，

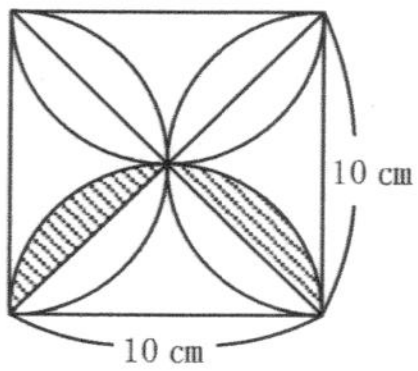

斜線部分の面積の４倍なので，14.25×４＝57(㎠)である。

(2)　５回の平均は，(6.45＋6.52＋6.43＋6.51＋6.54)÷５＝6.49(m)，つまり 6.49×100＝649(㎝)である。したがって，ひろゆきさんの歩はば(１歩)は，649÷10＝64.9(㎝)である。よって，上から２けたのがい数で表すと，小数第１位を四捨五入して，65 ㎝である。

6　(1)　１つの直線を折り目にして折ったとき，折り目の両側がぴったり重なる図形を線対称，ある点のまわりに 180 度まわすと，もとの形にぴったり重なる図形を点対称という。対称の軸，対称の点は下図の通りである。

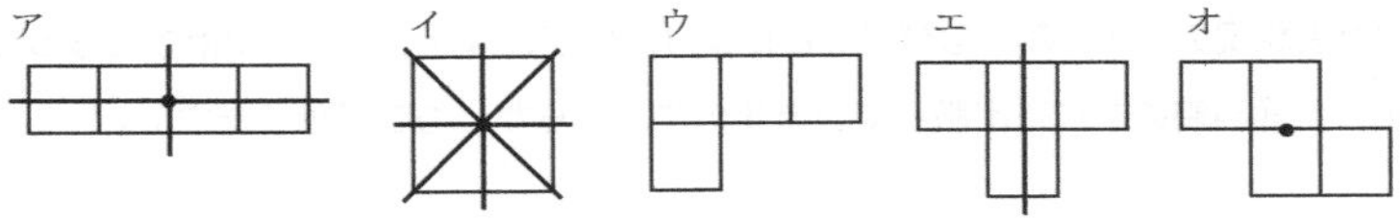

7　(1)　グラフより，家庭学習の時間が 60 分以上の人は３＋２＋１＝６(人)，60 分未満の人は 35－６＝29(人)なので，家庭学習の時間が 60 分未満の人の方が 29－６＝23(人)多い。

8　(1)　生物どうしの食べる，食べられる関係によるつながりを食物連さという。ア．植物を食べ，スズメに食べられる生物だから，③バッタである。　イ．イワシに食べられる生物だから，②水の中の小さな生物である。　ウ．ニワトリを食べる生物だから，⑧人である。

(2)　生物の関わりについて話し合っている女の子の発言を参考にしよう。ウシの食べ物(飼料)は植物の牧草である。

(3)　生物どうしの食べる，食べられる関係によるつながりをたどっていくと，水の中の小さな生物に行く着くことが多い。水の中の小さな生物がいなくなると，つながっているすべての生物に影響が出る。

9　(1)①　雲の量が０～８は晴れ，９，10 はくもりである。

(2)　かげは太陽と反対の方向にできる。１日の中で太陽は東→南→西の順に移動するので，かげは西，北，東の順に移動する。したがって，図の左が東，右が西，手前が北，奥が南である。

(3)　図１より，これらの台風は 10 月に発生したことがわかるので，図２の 10 月の台風の進路から，このあと沖縄本島に接近する可能性が高いのは，台風 16 号だと考えられる。

■ ご使用にあたってのお願い・ご注意

（1）問題文等の非掲載

著作権上の都合により，問題文や図表などの一部を掲載できない場合があります。

誠に申し訳ございませんが，ご了承くださいますようお願いいたします。

（2）過去問における時事性

過去問題集は，学習指導要領の改訂や社会状況の変化，新たな発見などにより，現在とは異なる表記や解説になっている場合があります。過去問の特性上，出題当時のままで出版していますので，あらかじめご了承ください。

（3）配点

学校等から配点が公表されている場合は，記載しています。公表されていない場合は，記載していません。

独自の予想配点は，出題者の意図と異なる場合があり，お客様が学習するうえで誤った判断をしてしまう恐れがあるため記載していません。

（4）無断複製等の禁止

購入された個人のお客様が，ご家庭でご自身またはご家族の学習のためにコピーをすることは可能ですが，それ以外の目的でコピー，スキャン，転載（ブログ，ＳＮＳなどでの公開を含みます）などをすることは法律により禁止されています。学校や学習塾などで，児童生徒のためにコピーをして使用することも法律により禁止されています。

ご不明な点や，違法な疑いのある行為を確認された場合は，弊社までご連絡ください。

（5）けがに注意

この問題集は針を外して使用します。針を外すときは，けがをしないように注意してください。また，表紙カバーや問題用紙の端で手指を傷つけないように十分注意してください。

（6）正誤

制作には万全を期しておりますが，万が一誤りなどがございましたら，弊社までご連絡ください。

なお，誤りが判明した場合は，弊社ウェブサイトの「ご購入者様のページ」に掲載しておりますので，そちらもご確認ください。

■ お問い合わせ

解答例，解説，印刷，製本など，問題集発行におけるすべての責任は弊社にあります。

ご不明な点がございましたら，弊社ウェブサイトの「お問い合わせ」フォームよりご連絡ください。迅速に対応いたしますが，営業日の都合で回答に数日を要する場合があります。

ご入力いただいたメールアドレス宛に自動返信メールをお送りしています。自動返信メールが届かない場合は，「よくある質問」の「メールの問い合わせに対し返信がありません。」の項目をご確認ください。

また弊社営業日（平日）は，午前９時から午前５時まで，電話でのお問い合わせも受け付けています。

2025 春

教英出版

株式会社教英出版
〒422-8054　静岡県静岡市駿河区南安倍３丁目 12-28
TEL　054-288-2131　　FAX　054-288-2133
URL　https://kyoei-syuppan.net/
MAIL siteform@kyoei-syuppan.net

神奈川県

①[県立]（相模原中等教育学校 / 平塚中等教育学校）

②[市立]南高等学校附属中学校

③[市立]横浜サイエンスフロンティア高等学校附属中学校

④[市立]川崎高等学校附属中学校

✿⑤聖光学院中学校

✿⑥浅野中学校

⑦洗足学園中学校

⑧法政大学第二中学校

⑨逗子開成中学校（1次）

⑩逗子開成中学校（2·3次）

⑪神奈川大学附属中学校（第1回）

⑫神奈川大学附属中学校（第2·3回）

⑬栄光学園中学校

⑭フェリス女学院中学校

新潟県

①[県立]（村上中等教育学校 / 柏崎翔洋中等教育学校 / 燕中等教育学校 / 津南中等教育学校 / 直江津中等教育学校 / 佐渡中等教育学校）

②[市立]高志中等教育学校

③新潟第一中学校

④新潟明訓中学校

石川県

①[県立]金沢錦丘中学校

②星稜中学校

福井県

①[県立]高志中学校

山梨県

①山梨英和中学校

②山梨学院中学校

③駿台甲府中学校

長野県

①[県立]（屋代高等学校附属中学校 / 諏訪清陵高等学校附属中学校）

②[市立]長野中学校

岐阜県

①岐阜東中学校

②鶯谷中学校

③岐阜聖徳学園大学附属中学校

静岡県

①[国立]静岡大学教育学部附属中学校（静岡·島田·浜松）

②（[県立]清水南高等学校中等部 / [県立]浜松西高等学校中等部 / [市立]沼津高等学校中等部）

③不二聖心女子学院中学校

④日本大学三島中学校

⑤加藤学園暁秀中学校

⑥星陵中学校

⑦東海大学付属静岡翔洋高等学校中等部

⑧静岡サレジオ中学校

⑨静岡英和女学院中学校

⑩静岡雙葉中学校

⑪静岡聖光学院中学校

⑫静岡学園中学校

⑬静岡大成中学校

⑭城南静岡中学校

⑮静岡北中学校

⑯（常葉大学附属常葉中学校 / 常葉大学附属橘中学校 / 常葉大学附属菊川中学校）

⑰藤枝明誠中学校

⑱浜松開誠館中学校

⑲静岡県西遠女子学園中学校

⑳浜松日体中学校

㉑浜松学芸中学校

愛知県

①[国立]愛知教育大学附属名古屋中学校

②愛知淑徳中学校

③（名古屋経済大学市邨中学校 / 名古屋経済大学高蔵中学校）

④金城学院中学校

⑤椙山女学園中学校

⑥東海中学校

⑦南山中学校男子部

⑧南山中学校女子部

⑨聖霊中学校

⑩滝中学校

⑪名古屋中学校

⑫大成中学校

⑬愛知中学校

⑭星城中学校

⑮名古屋葵大学中学校（名古屋女子大学中学校）

⑯愛知工業大学名電中学校

⑰海陽中等教育学校（特別給費生）

⑱海陽中等教育学校（I·II）

⑲中部大学春日丘中学校

新刊⑳名古屋国際中学校

三重県

①[国立]三重大学教育学部附属中学校

②暁中学校

③海星中学校

④四日市メリノール学院中学校

⑤高田中学校

⑥セントヨゼフ女子学園中学校

⑦三重中学校

⑧皇學館中学校

⑨鈴鹿中等教育学校

⑩津田学園中学校

滋賀県

①[国立]滋賀大学教育学部附属中学校

②[県立]（河瀬中学校 / 守山中学校 / 水口東中学校）

京都府

①[国立]京都教育大学附属桃山中学校

②[府立]洛北高等学校附属中学校

③[府立]園部高等学校附属中学校

④[府立]福知山高等学校附属中学校

⑤[府立]南陽高等学校附属中学校

⑥[市立]西京高等学校附属中学校

⑦同志社中学校

⑧洛星中学校

⑨洛南高等学校附属中学校

⑩立命館中学校

⑪同志社国際中学校

⑫同志社女子中学校（前期日程）

⑬同志社女子中学校（後期日程）

大阪府

①[国立]大阪教育大学附属天王寺中学校

②[国立]大阪教育大学附属平野中学校

③[国立]大阪教育大学附属池田中学校

④[府立]富田林中学校
⑤[府立]咲くやこの花中学校
⑥[府立]水都国際中学校
⑦清風中学校
⑧高槻中学校(Ａ日程)
⑨高槻中学校(Ｂ日程)
⑩明星中学校
⑪大阪女学院中学校
⑫大谷中学校
⑬四天王寺中学校
⑭帝塚山学院中学校
⑮大阪国際中学校
⑯大阪桐蔭中学校
⑰開明中学校
⑱関西大学第一中学校
⑲近畿大学附属中学校
⑳金蘭千里中学校
㉑金光八尾中学校
㉒清風南海中学校
㉓帝塚山学院泉ヶ丘中学校
㉔同志社香里中学校
㉕初芝立命館中学校
㉖関西大学中等部
㉗大阪星光学院中学校

兵庫県

①[国立]神戸大学附属中等教育学校
②[県立]兵庫県立大学附属中学校
③雲雀丘学園中学校
④関西学院中学部
⑤神戸女学院中学部
⑥甲陽学院中学校
⑦甲南中学校
⑧甲南女子中学校
⑨灘中学校
⑩親和中学校
⑪神戸海星女子学院中学校
⑫滝川中学校
⑬啓明学院中学校
⑭三田学園中学校
⑮淳心学院中学校
⑯仁川学院中学校
⑰六甲学院中学校
⑱須磨学園中学校(第1回入試)
⑲須磨学園中学校(第2回入試)
⑳須磨学園中学校(第3回入試)
㉑白陵中学校
㉒夙川中学校

奈良県

①[国立]奈良女子大学附属中等教育学校
②[国立]奈良教育大学附属中学校
③[県立] 国際中学校
　　　　 青翔中学校
④[市立]一条高等学校附属中学校
⑤帝塚山中学校
⑥東大寺学園中学校
⑦奈良学園中学校
⑧西大和学園中学校

和歌山県

①[県立] 古佐田丘中学校
　　　　 向陽中学校
　　　　 桐蔭中学校
　　　　 日高高等学校附属中学校
　　　　 田辺中学校
②智辯学園和歌山中学校
③近畿大学附属和歌山中学校
④開智中学校

岡山県

①[県立]岡山操山中学校
②[県立]倉敷天城中学校
③[県立]岡山大安寺中等教育学校
④[県立]津山中学校
⑤岡山中学校
⑥清心中学校
⑦岡山白陵中学校
⑧金光学園中学校
⑨就実中学校
⑩岡山理科大学附属中学校
⑪山陽学園中学校

広島県

①[国立]広島大学附属中学校
②[国立]広島大学附属福山中学校
③[県立]広島中学校
④[県立]三次中学校
⑤[県立]広島叡智学園中学校
⑥[市立]広島中等教育学校
⑦[市立]福山中学校
⑧広島学院中学校
⑨広島女学院中学校
⑩修道中学校
⑪崇徳中学校
⑫比治山女子中学校
⑬福山暁の星女子中学校
⑭安田女子中学校
⑮広島なぎさ中学校
⑯広島城北中学校
⑰近畿大学附属広島中学校福山校
⑱盈進中学校
⑲如水館中学校
⑳ノートルダム清心中学校
㉑銀河学院中学校
㉒近畿大学附属広島中学校東広島校
㉓ＡＩＣＪ中学校
㉔広島国際学院中学校
㉕広島修道大学ひろしま協創中学校

山口県

①[県立] 下関中等教育学校
　　　　 高森みどり中学校
②野田学園中学校

徳島県

①[県立] 富岡東中学校
　　　　 川島中学校
　　　　 城ノ内中等教育学校
②徳島文理中学校

香川県

①大手前丸亀中学校
②香川誠陵中学校

愛媛県

①[県立] 今治東中等教育学校
　　　　 松山西中等教育学校
②愛光中学校
③済美平成中等教育学校
④新田青雲中等教育学校

高知県

①[県立] 安芸中学校
　　　　 高知国際中学校
　　　　 中村中学校

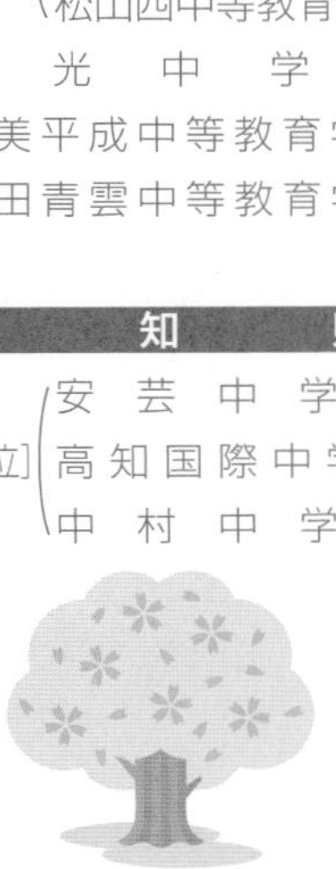

福岡県

①[国立] 福岡教育大学附属中学校（福岡・小倉・久留米）
②[県立] 育徳館中学校
門司学園中学校
宗像中学校
嘉穂高等学校附属中学校
輝翔館中等教育学校
③西南学院中学校
④上智福岡中学校
⑤福岡女学院中学校
⑥福岡雙葉中学校
⑦照曜館中学校
⑧筑紫女学園中学校
⑨敬愛中学校
⑩久留米大学附設中学校
⑪飯塚日新館中学校
⑫明治学園中学校
⑬小倉日新館中学校
⑭久留米信愛中学校
⑮中村学園女子中学校
⑯福岡大学附属大濠中学校
⑰筑陽学園中学校
⑱九州国際大学付属中学校
⑲博多女子中学校
⑳東福岡自彊館中学校
㉑八女学院中学校

佐賀県

①[県立] 香楠中学校
致遠館中学校
唐津東中学校
武雄青陵中学校
②弘学館中学校
③東明館中学校
④佐賀清和中学校
⑤成穎中学校
⑥早稲田佐賀中学校

長崎県

①[県立] 長崎東中学校
佐世保北中学校
諫早高等学校附属中学校
②青雲中学校
③長崎南山中学校
④長崎日本大学中学校
⑤海星中学校

熊本県

①[県立] 玉名高等学校附属中学校
宇土中学校
八代中学校
②真和中学校
③九州学院中学校
④ルーテル学院中学校
⑤熊本信愛女学院中学校
⑥熊本マリスト学園中学校
⑦熊本学園大学付属中学校

大分県

①[県立]大分豊府中学校
②岩田中学校

宮崎県

①[県立]五ヶ瀬中等教育学校
②[県立] 宮崎西高等学校附属中学校
都城泉ヶ丘高等学校附属中学校
③宮崎日本大学中学校
④日向学院中学校
⑤宮崎第一中学校

鹿児島県

①[県立]楠隼中学校
②[市立]鹿児島玉龍中学校
③鹿児島修学館中学校
④ラ・サール中学校
⑤志學館中等部

沖縄県

①[県立] 与勝緑が丘中学校
開邦中学校
球陽中学校
名護高等学校附属桜中学校

もっと過去問シリーズ

北海道

北嶺中学校
7年分（算数・理科・社会）

静岡県

静岡大学教育学部附属中学校
（静岡・島田・浜松）
10年分（算数）

愛知県

愛知淑徳中学校
7年分（算数・理科・社会）
東海中学校
7年分（算数・理科・社会）
南山中学校男子部
7年分（算数・理科・社会）
南山中学校女子部
7年分（算数・理科・社会）
滝中学校
7年分（算数・理科・社会）
名古屋中学校
7年分（算数・理科・社会）

岡山県

岡山白陵中学校
7年分（算数・理科）

広島県

広島大学附属中学校
7年分（算数・理科・社会）
広島大学附属福山中学校
7年分（算数・理科・社会）
広島学院中学校
7年分（算数・理科・社会）
広島女学院中学校
7年分（算数・理科・社会）
修道中学校
7年分（算数・理科・社会）
ノートルダム清心中学校
7年分（算数・理科・社会）

愛媛県

愛光中学校
7年分（算数・理科・社会）

福岡県

福岡教育大学附属中学校
（福岡・小倉・久留米）
7年分（算数・理科・社会）
西南学院中学校
7年分（算数・理科・社会）
久留米大学附設中学校
7年分（算数・理科・社会）
福岡大学附属大濠中学校
7年分（算数・理科・社会）

佐賀県

早稲田佐賀中学校
7年分（算数・理科・社会）

長崎県

青雲中学校
7年分（算数・理科・社会）

鹿児島県

ラ・サール中学校
7年分（算数・理科・社会）

※もっと過去問シリーズは
国語の収録はありません。

教英出版
〒422-8054
静岡県静岡市駿河区南安倍3丁目12−28
TEL 054-288-2131
FAX 054-288-2133
詳しくは教英出版で検索
教英出版 検索
URL https://kyoei-syuppan.net/

与勝緑が丘中学校
開邦中学校
球陽中学校
名護高等学校附属桜中学校

受検番号	

令和6年度

沖縄県立中学校　適性検査Ⅰ

問　題　用　紙

（時間50分）

【注　意】

1　「始め」の合図があるまで、問題用紙を開けてはいけません。
2　問題用紙は、13ページまであります。
3　解答用紙は2枚です。
4　監督者《かんとくしゃ》の指示で
◆　問題用紙の受検番号の欄《らん》、解答用紙の受検番号と名前の欄にあなたの受検番号を書き入れること（解答用紙は2枚）。
◆　解答は、この問題用紙ではなく、解答用紙の決められた場所にていねいに記入すること。
5　印刷がはっきりしなかったり、問題用紙のページがたりなかったりする場合は、静かに手をあげてください。
6　「やめ」の合図で、すぐに鉛筆《えんぴつ》を置き、解答用紙を表にして机の上に置いてください。

＃教英出版 編集部　注
編集の都合上、解答用紙は表裏1枚にまとめてあります。

1　次の文章を読んであとの問いに答えなさい。

中学2年生のわかばは、バレーボールの部活動に打ち込《こ》みながら、成績を上げるために進学塾《じゅく》に通い、友人の麻耶《まや》を目標にがんばっている。ある日、テストの結果が良く60番近く順位を上げたわかばは、返ってきた結果について母のすみれ、父の雅人《まさと》と話をしている。

「　Ⅰ　。」

すみれは確信めいた言い方をした。

「いままでわかばはヨクがなかっただけなのよ。本当はできるの。」

したり顔で言う。

「そう、なのかな？」

気恥《きは》ずかしくもあったが、素直《すなお》にうれしかった。わかばはちょっとセスジを伸《の》ばしたが、すみれはすかさず釘《くぎ》をさした。

「いままでは臆病《おくびょう》だったっていうか。まぁ、せいいっぱいやってもできないとみじめだからね。よくのないふりをして自分を守ってたのかもね。」

「それはひどいんですけど。」

抗議《こうぎ》をしつつ、心の底がちくんとしたのは、言われたことがかならずしもまちがっていないからだろうか。

「でもこのごろ、やる気が表に出てきてたもの。攻《せ》めてる感じ。」

攻めろ。

たしかに、その単語は最近よくきく言葉ではある。部活で言われるし、自分でも言いきかせている。もっとも部活では、いざとなったらひるんでしまって、強打で攻めきれないところもあるけれど、チャンスボールはねらうようになった。そんな姿勢が勉強のほうにも生きてきているのだろうか。

「自信がついたんじゃないか。自信は攻める勇気になるからな。」

「そうなのかあ。」

「自信を持って打つ」ことは大切だ。一瞬《いっしゅん》の迷いや弱気が、体をにぶらせるのは、経験上わかばも知っている。

「もっともっと伸《の》びるわよ。遠慮《えんりょ》なんかしなくていいんだからね。」

「う、うん。」

両親がよろこんでくれたことはうれしくはあったが、同時にわかばの胸にはふと、苦いものもこみあげた。

わかばの胸にこみあげた苦いものは、数時間前の記憶《きおく》だ。中間テストの結果を返してもらったわかばは、すぐに麻耶の所に行った。あがった成績をみとめてほしかったのだ。

「麻耶ちゃん、どうだった？」

はねるように走っていって、明るい声でたずねると、麻耶は顔をすこしひきつらせた。

そこでやめておけばよかったのだ。なのに、麻耶のようすが変わったのに気づいたにもかかわらず、わかばは無邪気《むじゃき》に自分の成績カードを見せてしまった。

「ほら、見て。麻耶ちゃんに追いついたんじゃないかな。」

カードにすばやく目を走らせた麻耶は、顔をひきつらせたまま、まっ赤になった。
「麻耶ちゃん？」
動揺《どうよう》したわかばに、
「……よかったね。」
麻耶は投げつけるように言いのこし、教室から出ていってしまった。

（まはら三桃《みと》「つる子さんからの奨学金《しょうがくきん》」より一部抜粋《ばっすい》及び改変）

1　文章中の〰〰線の「ヨク」「セスジ」を正しい漢字に直しなさい。

2　文章中の［Ⅰ］に入る言葉を、次から一つ選び、記号で答えなさい。

ア　やったらできるようになるかも　　**イ**　やれる子になればいいのに

ウ　やってもあなたはできないのよ　　**エ**　やっぱりやればできるのよ

3　下記のメモは、わかばの心情と、言動や出来事との関連をメモにまとめたものです。メモをみてあとの問いに答えなさい。

(1)　［a］に体の一部を表す漢字一字を入れ、「自分の悪いところを指摘《してき》されてつらい」という意味の慣用句になるようにしなさい。

(2)　下のメモの①～⑤は文章に書かれている順にまとめられています。**ア**から**カ**のうち、時間の経過順にならびかえたとき**ア**よりも前にあたる出来事に関するものをすべて答えなさい。

(3)　［b］に入る内容を、文章の内容を参考に「運動だけでなく、勉強でも～が大切だと気づいた」に入る形で、二五字以上三〇字以内で書きなさい。

メモ

言動や出来事	わかばの心情
①中間テストの結果をほめられる	**ア**　うれしさと気恥ずかしさ
②「いままでよくのないふりをして自分を守ってた」という指摘	**イ**　［a］が痛い
③運動だけでなく、勉強でも［b］が大切だと気づいた	**ウ**　納得
	エ　うれしさと後悔
④中間テストの結果が良かった	**オ**　調子に乗る
⑤麻耶を傷つけた	**カ**　気まずさ

(4)　麻耶を傷つけた　について、わかばに傷つけるつもりがなかったことがわかる三字の言葉を、文章中から抜き出しなさい。

4　この文章に登場する「わかば」について、次の条件に従って文章を書きなさい。なお読み返して文章を直したいときは、二重線で消したり、行間に書き加えたりしてもかまいません。

〈条件〉

（1）題名や氏名は書かず、二段落で本文から書き始めること。

（2）わかばについて、次の①②の二点について書くこと。

①　第一段落に、わかばがどういう人物なのか、文章中の行動や心情を表す表現にふれながら書くこと。

②　第二段落に、①をふまえ、わかばの行動や言動に対するあなたの考えを具体的に書くこと。

（3）一〇〇字以上一四〇字以内の文章にすること。

注意点　4を解答する際、次のことに注意すること。

①　原稿《げんこう》用紙の適切な使い方をすること。

②　漢字や仮名遣《かなづか》い、句読点などは適切に用い、文法的なきまりを守って書くこと。

③　数字や記号を使う場合は、次のように書いてもよい。

（例）

平	成	30	年

2	0	2	1	年

30	件

4	月

？	！

2 次の文章を読んであとの問いに答えなさい。

リスは、木をすばやく駆《か》け上がります。しかし、リスの仲間のモモンガは、リスに比べると木登りが上手とは言えません。ゆっくりゆっくりと上がっていきます。しかし、モモンガは、木の上から見事に滑空《かっくう》することができます。木に登ることをあきらめてしまっては、空を飛べることに気がつかなかったかもしれません。

人間でも同じです。

サッカーには、ボールを地面に落とさないように足でコントロールするリフティングという基《き》礎《そ》練習があります。しかし、プロのサッカー選手でもリフティングが苦手だったという人もいます。リフティングだけで苦手と判断しサッカーをやめていたら、強力なシュートを打つ能力は開花しなかったかもしれません。

小学校では、算数は計算問題が主です。しかし、中学や高校で習う数学は、難しいパズルを解くような面白さもあります。大学に行って数学を勉強すると、抽象《ちゅうしょう》的だったり、この世に存在しえないような世界を、数学で表現し始めます。［ I ］哲学《てつがく》のようです。計算問題が面倒《めんどう》くさいというだけで、「苦手」と決めつけてしまうと、数学の本当の面白さに出会うことはないかもしれません。

勉強は得意なことを探すことでもあります。苦手なことを無理してやる必要はありません。最後は、A得意なところで勝負すればいいのです。しかし、得意なことを探すためには、すぐに苦手と決めて捨ててしまわないことが大切なのです。

勝者は戦い方を変えません。その戦い方で勝ったのですから、戦い方を変えないほうが良いのです。負けたほうは、戦い方を変えます。そして、工夫に工夫を重ねます。B負けることは、「考えること」です。そして、「変わること」につながるのです。

負け続けるということは、変わり続けることでもあります。生物の進化を見ても、そうです。劇的な変化は、常に敗者によってもたらされてきました。

古代の海では、魚類の間で激しい生存競争が繰《く》り広げられたとき、戦いに敗れた敗者たちは、他の魚たちのいない川という環境《かんきょう》に逃《に》げ延《の》びました。もちろん、他の魚たちが川にいなかったのには理由があります。海水で進化をした魚たちにとって、塩分濃度《のうど》の低い川は棲《す》めるような環境ではなかったのです。しかし、敗者たちはその逆境を乗り越《こ》えて、川に暮らす淡水《たんすい》魚へと進化をしました。

しかし、川に暮らす魚が増えてくると、そこでも激しい生存競争が行われます。戦いに敗れた敗者たちは、水たまりのような浅瀬《あさせ》へと追いやられていきました。そして、敗者たちは進化をします。

ついに陸上へと進出し、両生類へと進化をするのです。

懸命《けんめい》に体重を支え、力強く手足を動かし陸地に上がっていく想像図は、未知のフロンティアを目指す闘志《とうし》にみなぎっています。

しかし最初に上陸を果たした両生類は、けっして勇気あるヒーローではありません。追い立てられ、傷つき、負け続け、それでも「ナンバー1になれるオンリー1のポジション」を探した末にたどりついた場所なのです。

やがて恐竜《きょうりゅう》が繁栄《はんえい》する時代になったとき、小さく弱い生き物は、恐竜の目を逃《のが》れて、暗い夜を主な行動時間にしていました。と同時に、恐竜から逃れるために、聴覚《ちょうかく》や嗅覚《きゅうかく》などの感覚器官と、それを司《つかさど》る脳を発達させて、敏速《びんそく》な運動能力を手に入れました。そして、子孫を守るために卵ではなく赤ちゃんを産んで育児するようになりました。それが、現在、地球上に繁栄《はんえい》している哺乳《ほにゅう》類となるのです。

（稲垣栄洋《いながきひでひろ》「はずれ者が進化をつくる」ちくまプリマー新書より一部抜粋及び改変）

1　文章中の〰〰線「見事」「逆境」をひらがなに直しなさい。

2　文章中の〰〰線Aを、次の四字熟語で表しました。二つの空らんに入る同じ漢字を、あとから一つ選び、記号で答えなさい。

四字熟語　→　□材□所

ア　良　　イ　適　　ウ　好　　エ　合

3　文章中の［　Ⅰ　］に入る言葉を、次から一つ選び、記号で答えなさい。

ア　あえて　　イ　やはり　　ウ　もはや　　エ　よもや

4　次の表は、文章中に書かれている「モモンガ」と「サッカー」の例についてまとめたものです。［　a　］と［　c　］に入る言葉を、文章中から抜き出しなさい。また、［　b　］に入る言葉を文章中の言葉を参考に考え、十五字以内で書きなさい。

モモンガ	［　a　］が苦手	［どちらも］苦手なことだけで［　b　］ため、得意なものを見つけられた	➡	空を飛べる能力
サッカー	リフティングが苦手		➡	［　c　］能力

5　文章の内容にあてはまるものを、次から一つ選び、記号で書きなさい。

ア　生物の世界は厳しいので、強い者が生き残り繁栄するのは当然のことである。
イ　敗者でも、勝者の戦い方をまねできる者だけが生き残ることができた。
ウ　淡水魚や恐竜は、強い者から逃れるために工夫をして繁栄することができた。
エ　哺乳類は、強者から逃れるための能力を発達させることで進化していった。

6　文章中の〰〰線B「負けることは、『考えること』です。そして、『変わること』につながるのです」とあるが、負けることや失敗することで「考え」、「変わること」を、次の条件に従って書きなさい。なお読み返して文章を直したいときは、二重線で消したり、行間に書き加えてもかまいません。

〈条件〉

（1）筆者の意見や内容をふまえて書くこと。

（2）題名や氏名は書かず、二段落で書くこと。

（3）第一段落には、「負けることや失敗することで考え、変わったこと」についての自分の体験を具体的に書くこと。

（4）第二段落には、そのことについての自分の考えを書きなさい。

（5）六〇字以上一〇〇字以内の文章にすること。

注意点　6を解答する際、次のことに注意すること。

① 原稿《げんこう》用紙の適切な使い方をすること。

② 漢字や仮《か》名《な》遣《づか》い、句読点などは適切に用い、文法的なきまりを守って書くこと。

③ 数字や記号を使う場合は、次のように書いてもよい。

（例）

平	成	30	年

2	0	2	1	年

30	件

4	月

?	!

3 花奈《かな》さんと大地《だいち》さんは，日本の産業についての学習をふり返っています。その時の会話の一部が，次の内容です。会話を読んで，各問いに答えなさい。

【花奈さんと大地さんの会話の一部】

♠花奈　「日本列島は南北に長いから，地域《ちいき》によって①さまざまな気候の特《とく》徴《ちょう》が見られるんだよね。」

◆大地　「そうだね。気候のちがいは日本の周りを流れる海流も影響《えいきょう》しているんだけれど，海流は水産業のところで学習したね。」

♠花奈　「水産業の単元では，②育てる漁業について興味を持ったよ。」

◆大地　「これからは持続可能な水産業をめざすことが大切だね。」

♠花奈　「工業の単元でも，持続可能な社会をめざす大切さについて学習したね。」

◆大地　「それぞれの③工業地帯・工業地域がどのような取り組みをしているのかについて調べてみたいね。」

♠花奈　「そうだね。農業・水産業・工業の単元を学習したけれど，それぞれの課題についても学習したね。大地さんは何について興味を持ったの。」

◆大地　「僕《ぼく》は日本の食料生産について興味を持ったよ。④日本は食料の多くを輸入にたよっているという現状があるから，それについて調べてみたいな。」

♠花奈　「地元でとれた食材を地元で使う【⑤】など，日本の食料自給率を上げる取り組みを行う必要があるよね。」

受検番号	

令和６年度

沖縄県立中学校　適性検査Ⅱ

問　題　用　紙

（時間50分）

【注　意】

1　「始め」の合図があるまで、問題用紙を開けてはいけません。
2　問題用紙は、14ページまであります。
3　解答用紙は２枚です。
4　監督者《かんとくしゃ》の指示で
◆　問題用紙の受検番号の欄《らん》、解答用紙の受検番号と名前の欄にあなたの受検番号を書き入れること（解答用紙は２枚）。
◆　解答は、この問題用紙ではなく、解答用紙の決められた場所にていねいに記入すること。
5　印刷がはっきりしなかったり、問題用紙のページがたりなかったりする場合は、静かに手をあげてください。
6　「やめ」の合図で、すぐに鉛筆《えんぴつ》を置き、解答用紙を表にして机の上に置いてください。

1　次の各問いに答えなさい。

(1)　12□(35－17)÷6の計算の答えが1けたの整数になるように，□の中に入る記号として最も適当なものを**ア**～**エ**から一つ選び，記号で答えなさい。

ア　＋
イ　－
ウ　×
エ　÷

(2)　公園の面積の$\frac{5}{8}$が広場になっていて，広場の面積の$\frac{3}{4}$にあたる1200m^2の部分でボール遊びができます。この公園全体の面積は何m^2ですか。

(3)　次のことがらのうち，2つの数量xとyについて，yがxに比例するものを**ア**～**オ**からすべて選び，記号で答えなさい。

ア　ひし形の1辺の長さ$x$cmとまわりの長さ$y$cm
イ　底辺が$x$cm，高さが10cmの三角形の面積$y$$cm^2$
ウ　身長が$x$cmの人の体重$y$kg
エ　同じ重さのコピー用紙x枚の重さyg
オ　100L入る空の水そうに，毎分xLずつ水を入れるとき，いっぱいになるまでにかかる時間y分

(4)　1mの針金を使って，縦と横の長さの比が3：7の長方形をつくります。このとき，縦の長さは何cmですか。

(5)　ある学校の昨年度の児童数は380人でした。今年度の児童数は昨年度に比べ5%増加しました。今年度の児童数を求めなさい。

(6)　右の図の三角形 ADE は，三角形 ABC の 3 倍の拡大図です。辺 AC の長さを求めなさい。

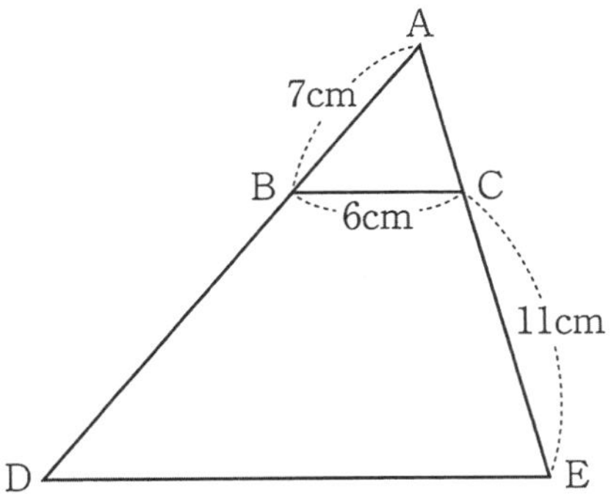

(7)　右の図のような直方体の形をした容器に，水がいっぱいに入っています。辺 CD を軸《じく》にして容器をかたむけ，水面が四角形 ABEF になるまで水を流すとき，流れる水の量は何 L ですか。

　ただし，容器の厚さは考えないものとします。

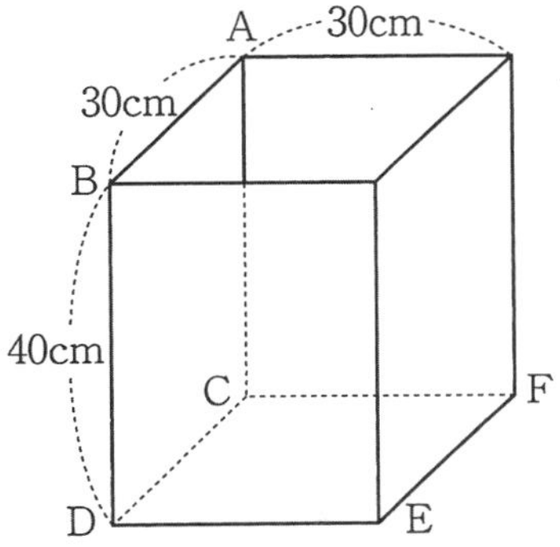

(8)　下の**表**は，学級委員 10 人が，この 1 か月間に図書室で借りた本の冊数をまとめたものです。最頻値《さいひんち》が 6 冊で，いちばん少なかった人が 1 冊，いちばん多かった人が 9 冊のとき，**表**の ア にあてはまる数として考えられる数をすべて答えなさい。ただし，最頻値は 6 冊のみとします。

表

学級委員の番号	①	②	③	④	⑤	⑥	⑦	⑧	⑨	⑩
借りた本の数（冊）	4	3	6	9	5	1	6	8	2	ア

2　太郎《たろう》さんは，家から見えた花火の音がおくれて聞こえたことに興味を持ち，音の伝わる速さについて調べました。次の各問いに答えなさい。

(1)　空気中を伝わる音の速さは，気温によって変わることがわかりました。太郎さんは，その変わり方を次のように**表**にまとめました。

表

気温（℃）	0	5	10	15	20	25	30
秒速（m）	331	334	337	340	343	346	349

次の①，②の各問いに答えなさい。

①　太郎さんは，表から気温の変わり方と空気中を伝わる音の速さの変わり方の関係について考え，気温が x℃のときの音の速さを秒速 y mとして，x と y の関係を式に表しました。

太郎さんが考えた式　$331 + \square \times x = y$

太郎さんが考えた式の□に入る数がいくつになるか答え，その求め方を説明しなさい。

②　ある日，太郎さんの部屋の窓からかみなりの光が見え，それから8秒後にかみなりが落ちる音がしました。このときの気温を調べると27.5℃でした。かみなりは，太郎さんの部屋から何mはなれた場所に落ちましたか。ただし，①の**太郎さんが考えた式**をもとに考えるものとし，光の速さは考えないものとします。

(2)　太郎さんは，水中を伝わる音の速さについても調べたところ，水中を伝わる音の速さは，およそ秒速1500 mであることがわかりました。

このことから，船の底から出した音が海底ではねかえり，船に聞こえるまでの時間を測って海底までの深さを調べることができることを知りました。

船の底から出した音が海底ではねかえり，7.2秒たって船に聞こえたとき，この場所の船の底から海底までの深さは何mですか。ただし，水中を伝わる音の速さは，どの気温でも一定であり，船の底から海底まで障害物はないものとします。

3

花子さんは，半径 10cm の円の中に正八角形 ABCDEFGH をかき，その図形について考えています。次の各問い に答えなさい。

図1

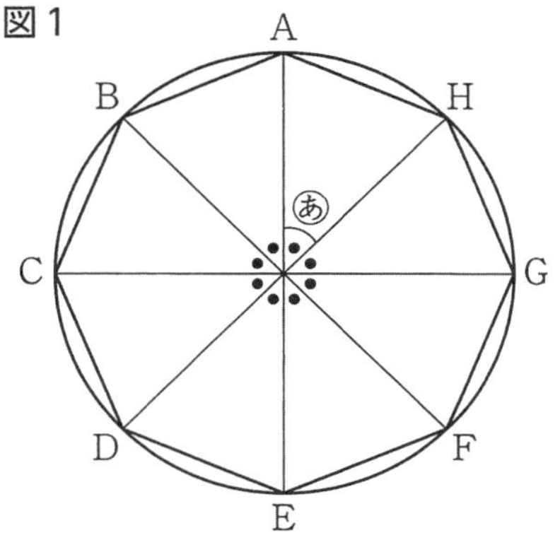

(1) 花子さんは，正八角形 ABCDEFGH の各頂点を直線で結び，右の**図1**のような図形をかきました。**図1**のⓐの角度は何度ですか。

図2

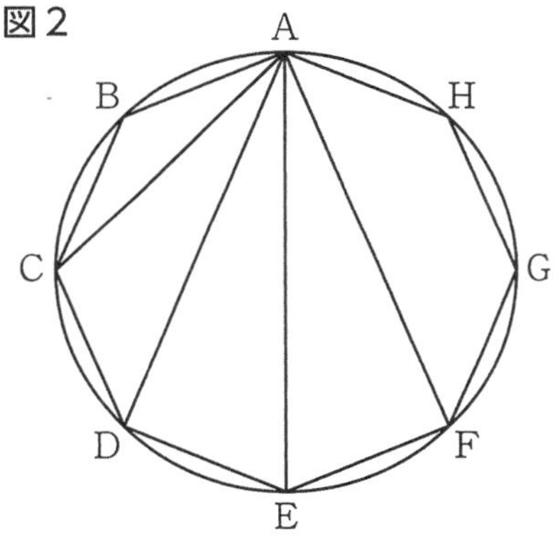

(2) 花子さんは，正八角形 ABCDEFGH の対角線について，考えます。次の①～③の各問いに答えなさい。

① 右の**図2**は，正八角形 ABCDEFGH の中に対角線をひく途《と》中《ちゅう》を表しています。このことから，正八角形の対角線の本数は，5×8÷2 で求めることができます。この式で，対角線の本数を求めることができる理由を説明しなさい。

図3

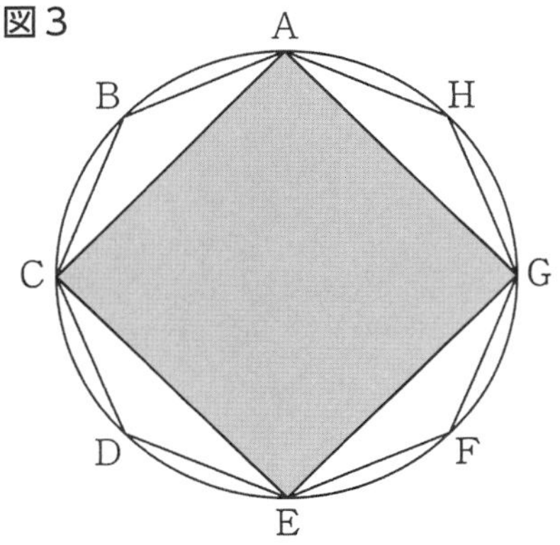

② 右の**図3**のような対角線 4 本でできる四角形 ACEG の面積を求めなさい。

③　右の**図４**のような正八角形の１辺と対角線２本でできる三角形CDFの面積を求めなさい。

図４

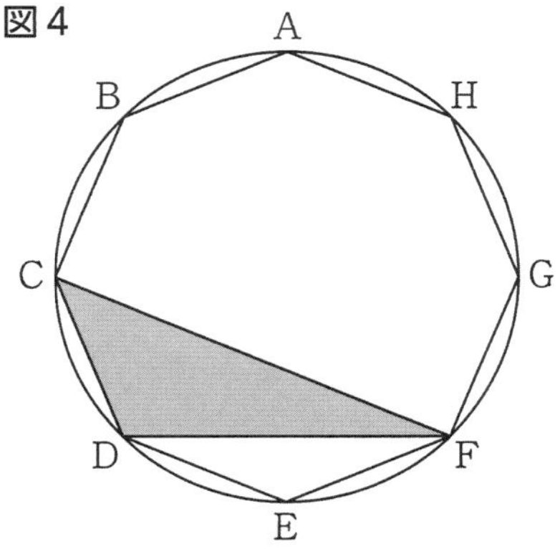

4 次の各問いに答えなさい。

(1) かん電池１個とモーター１個，スイッチ，簡易《かんい》検流計を**図１**のようにつなぎました。次の①，②の各問いに答えなさい。

① 次の文は，簡易検流計について説明したものです。（　**ア**　），（　**イ**　）にあてはまる語句をそれぞれ答えなさい。

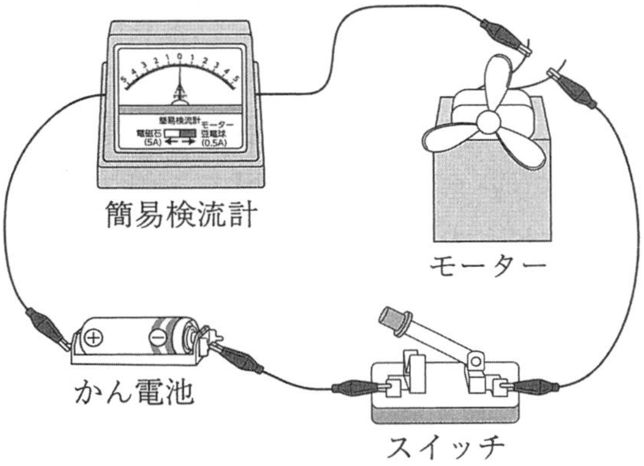

図１　簡易検流計をつないだ回路

簡易検流計では，電流の流れる（　**ア**　）や（　**イ**　）を調べることができる。

② **図１**の回路のスイッチを入れると，簡易検流計のはりが**図２**のようにふれました。このとき，電流の流れる向きは㋐，㋑のどちらの向きであるか答えなさい。

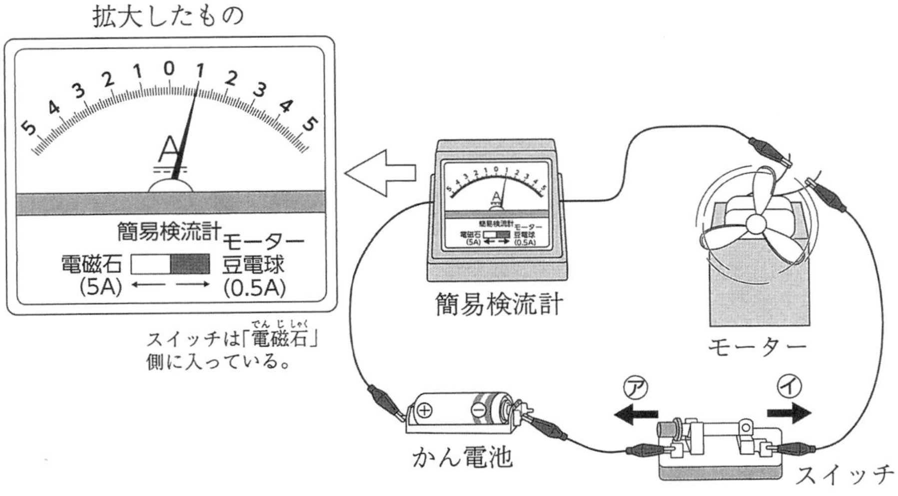

図２　回路のスイッチを入れたときのようす

(2)　**図3**は，実験用てこの左右のうでに60 gのおもりをつるしたところです。どちらのおもりも支点からきょりが1の位置につるされていて，実験用てこはつり合っていました。ここで，左のうでのおもりの位置と重さは変えずに，右のうでのおもりの重さと位置を変えていきます。右のうでにつるすおもりを支点からのきょりが2の位置，３の位置，…と右へ動かしていくとき，実験用てこがつり合うためには，右のうでのおもりの重さはどうすればよいですか，あとの**ア**～**エ**から一つ選び，記号で答えなさい。

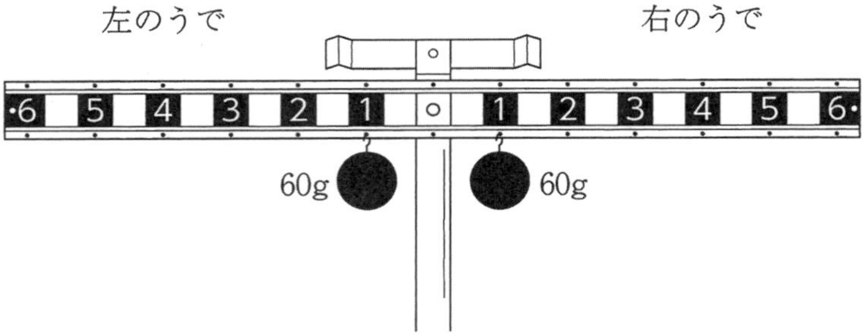

図3　実験用てこがつり合っているようす

ア　70 g，80 g，…と 10 gずつ増やしていく。
イ　50 g，40 g，…と 10 gずつ減らしていく。
ウ　２倍，３倍，…と増やしていく。
エ　$\frac{1}{2}$倍，$\frac{1}{3}$倍，…と減らしていく。

令和6年度　沖縄県立中学校
適性検査Ⅰ　解答用紙①

受検番号

名前

1

1　ヨク　セスジ

2

3
(1)　a
(2)
(3)　b
運動だけでなく、勉強でも
が大切だと気づいた
25字
(4)

4
40字

1．　2点×2
2．　2点
3．　(1) 2点
　　(2) 2点
　　(3) 5点
　　(4) 2点
4．　8点

小計
50点

	3	
	4	
	5	
5	1	

小計
50 点

合計
100 点

※100点満点

(1)	①	
	②	m
(2)		m

1 3点×8
2 (1)①□に入る数…2点　説明…3点　②3点　(2)3点

	②	cm^2
	③	cm^2

3 (1)3点　(2)①5点　②3点　③4点

小計	50点

	②	
(2)	①	
	②	
(3)		
(4)	ア	
	イ	

4 2点×6
5 (1)① 2点　②だ液のはたらき…1点　理由…3点　(2) 2点×2　(3) 2点
(4)ア．完答2点　イ．2点

(2)	①	
	②	
(3)	①	
	②	

6 (1) 2点×3　(2)① 1点　② 2点　(3) 2点
7 (1) 2点　(2) 2点×2　(3)① 3点　② 2点

小計	50点

合計	100点

※100点満点

令和6年度　沖縄県立中学校
適性検査Ⅱ　解答用紙②

受検番号	名　　前

4

(1)	①	ア	
		イ	
	②		
(2)			
(3)	①		極
	②	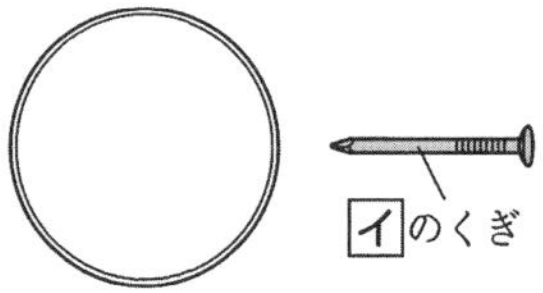	

5

①		色
	(だ液のはたらき)	
	(理由)	

6

(1)	①	℃
	②	
	③	
(2)	①	
	②	

令和6年度　沖縄県立中学校 適性検査Ⅱ　解答用紙①	受検番号	名　　前

1		
	(1)	
	(2)	m^2
	(3)	
	(4)	cm
	(5)	人
	(6)	cm
	(7)	L
	(8)	

2

□に入る数（　　　　）

【説明】

3		
	(1)	度
	(2) ①	【説明】

【解答用

令和6年度　沖縄県立中学校
適性検査Ⅰ　解答用紙②

受検番号

名前

3

1

2

3

4

5

4

1

2

6

3 4点×5
4 4点×5
5 4点
6 6点

2

1 見事 逆境

2

3

4 a b c

5

6

1．２点×２
2．２点
3．２点
4．a．２点
b．３点
c．２点
5．２点
6．８点

100字 60字

140字

(3)　ぼう磁石と２本のくぎ [ア], [イ] を用意し，**図４**のように２本のくぎをぼう磁石にぶら下げました。しばらくしてから，[ア] のくぎを手で持ってぼう磁石を [ア] のくぎからはなすと，[イ] のくぎは [ア] のくぎにぶら下がったままはなれず，落ちませんでした。次の①，②の各問いに答えなさい。

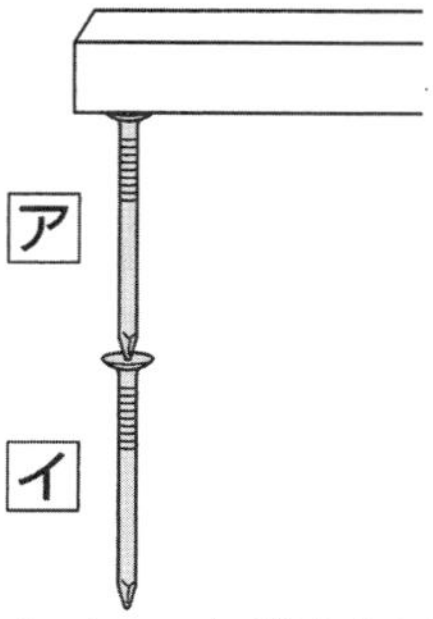

図４　２本のくぎをぼう磁石にぶら下げたときのようす

①　[ア] のくぎと [イ] のくぎをはなし，[ア] のくぎの頭(平らな方)を方位磁針に近づけたところ，**図５**のように方位磁針のＮ極が [ア] のくぎの頭に引きつけられました。[ア] のくぎの頭は何極ですか，Ｎ極またはＳ極で答えなさい。

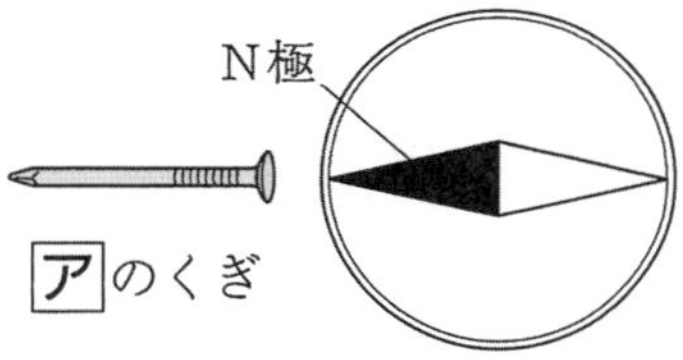

図５　[ア] のくぎの頭を方位磁針に近づけたときのようす

②　[ア] のくぎと [イ] のくぎをはなし，[イ] のくぎが磁石になっていることを確かめるため，[イ] のくぎの先(とがっている方)を方位磁針に近づけたところ，方位磁針の針が動きました。このときの方位磁針の針のようすを図で表しなさい。ただし，方位磁針の針は，右の例のように表すものとし，方位磁針のＮ極を黒くぬりつぶすこととします。

(例)

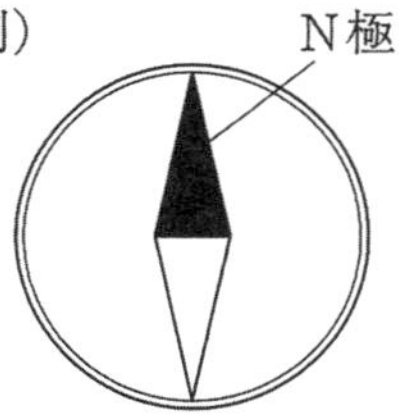

5 次の各問いに答えなさい。

(1) 下の図のように，うすいでんぷんの液を同じ量だけ試験管ア と イ に入れ，ア には水，イ にはだ液を同じ量ずつ加え，40℃ぐらいの湯で10分間あたためました。その後，２本の試験管を湯からとり出し，うすいヨウ素液を加えて色の変化を調べたところ，試験管ア だけ色が変化しました。

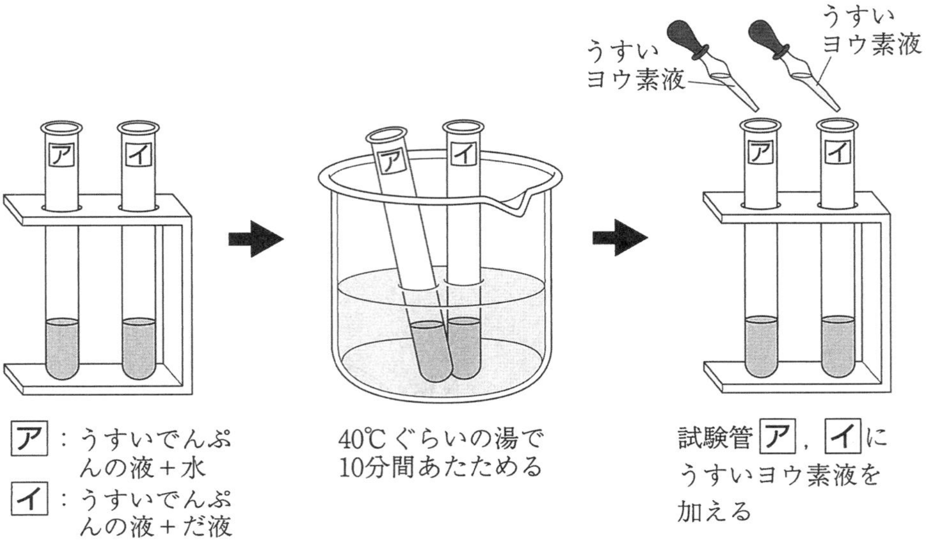

実験の手順をまとめたようす

次の①，②の各問いに答えなさい。

① うすいヨウ素液を加えたとき，試験管ア の液は何色になりますか。

② この実験から，だ液にはでんぷんを別のものに変えるはたらきがあると言えますか。「言える」か「言えない」で答え，その理由も説明しなさい。

(2) 生命のたんじょうについて，次の①，②の各問いに答えなさい。

① メダカのめすが産んだたまごが，おすの出した何と結びつくと，たまごは成長を始めますか，答えなさい。

② 次の文は，人の生命のたんじょうについて述べたものです。(　　)にあてはまる語句を答えなさい。

女性の体内でつくられた卵(卵子)が受精してできた受精卵は，女性の体内にある(　　)の中で成長し，子どもとして産まれてくる。

(3) 次の文は，インゲンマメの種子が発芽する条件を調べる実験を行い，その結果をもとに，インゲンマメの種子が発芽する条件をまとめたものです。(　　)にあてはまる語句を答えなさい。

インゲンマメの種子が発芽するためには，水，(　　)，空気が必要である。

(4) 次の文は，こん虫のからだについて述べたものです。(　**ア**　)，(　**イ**　)にあてはまる語句や数をそれぞれ答えなさい。ただし，(　**ア**　)にはあてはまる体の部分を**すべて**書きなさい。

こん虫の成虫のからだは(　**ア**　)の３つに分かれていて，あしは(　**イ**　)本ある。

6 次の各問いに答えなさい。

(1) **図1**のような装置《そうち》を使って一定の火の強さで水を熱し，１分ごとに水の温度とようすを調べました。次のグラフは，１分ごとの水の温度をまとめたものです。

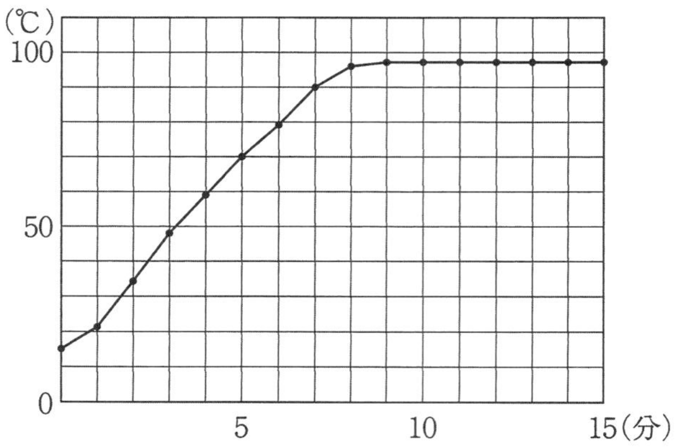

グラフ 水を熱したときの温度

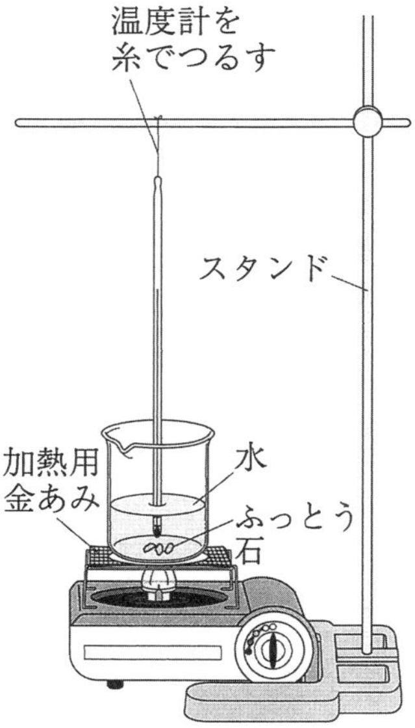

図１ 水を熱する装置

次の①～③の各問いに答えなさい。

① **グラフ**から，５分後の水の温度はおよそ何℃になりますか。整数で答えなさい。

② 水を熱し続けていると，水の中から大きなあわが出始めました。このあわは何ですか，答えなさい。

③ さらに水を熱し続けて水の温度が100℃ぐらいになったとき，水の温度は上がらなくなり，水の中からさかんに大きなあわが出ていました。この状態のことを何といいますか，答えなさい。

(2) **図2**のように，水を入れたビーカーのはしにおがくずをしずめ，しずめたおがくずのすぐ下を熱して，あたためられた水の動きを観察する実験をしました。次の①，②の各問いに答えなさい。

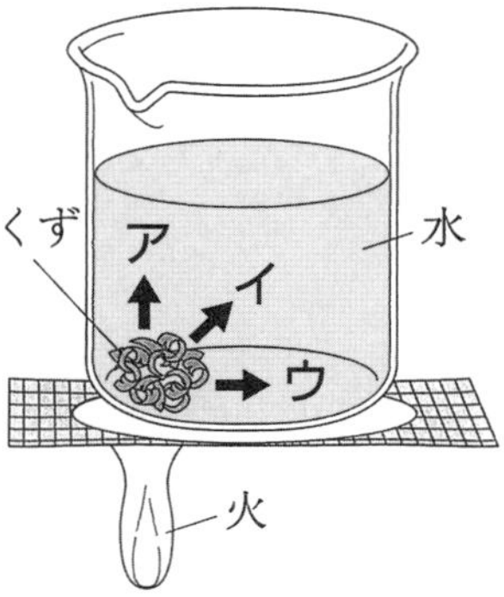

図2　おがくずのすぐ下を熱したときのようす

①　おがくずは，**図2**の**ア**～**ウ**のどの方向に動きますか。最も適当なものを一つ選び，記号で答えなさい。

②　次の文は，水のあたたまり方について説明したものです。(　　　　　　)にあてはまる文を「あたためられた水」という言葉を使ってかん単に書きなさい。

水を熱すると，(　　　　　　　　　　　　　　　　　　　　　　　)。 このように水は動きながら全体があたたまっていく。

(3) もののとけ方について説明した文として，**あやまっているもの**を，次の**ア**～**エ**から一つ選び，記号で答えなさい。

ア　決まった体積にとけるものの量は，ものの種類に関係なく同じである。
イ　食塩を水にとかした水よう液の重さは，食塩の重さと水の重さの和になる。
ウ　ミョウバンをとかす水の体積を増やすと，とけるミョウバンの量も増える。
エ　ミョウバンをとかす水の温度を高くすると，とけるミョウバンの量も増える。

7 次の各問いに答えなさい。

(1) 次の文は，地面の温度のはかり方について述べたものです。( )にあてはまる文をかん単に書きなさい。

地面をあさくほって，温度計のえきだめをさしこみ，えきだめに土をうすくかぶせる。次に，温度計におおいをかぶせて，温度計に直接(　　　　　　　　　　)ようにする。

(2) 右の**図1**のように，空きびんに砂とどろを水とともに入れ，ふたをしてからよくふり，つくえの上に静かに置いておきました。次の①，②の各問いに答えなさい。

図1　びんをふるようす

① 空きびんの中の砂とどろがすべて水の中にしずんだときのようすとして正しいものはどれですか。次の**ア**～**ウ**から最も適当なものを一つ選び，記号で答えなさい。

② 流れる水が，運ばれてきた砂やどろなどを水中に積もらせるはたらきを何といいますか，答えなさい。

⑶　天気の変化について，次の①，②の各問いに答えなさい。

①　**図２**はある日の気象衛星による雲画像，**図３**は**図２**の翌日の雲の画像です。**図３**の日の福岡は雨でした。雲のようすから，**図３**の翌日の東京では雨になると考えられます。その理由を雲の動きに注目して，かん単に書きなさい。

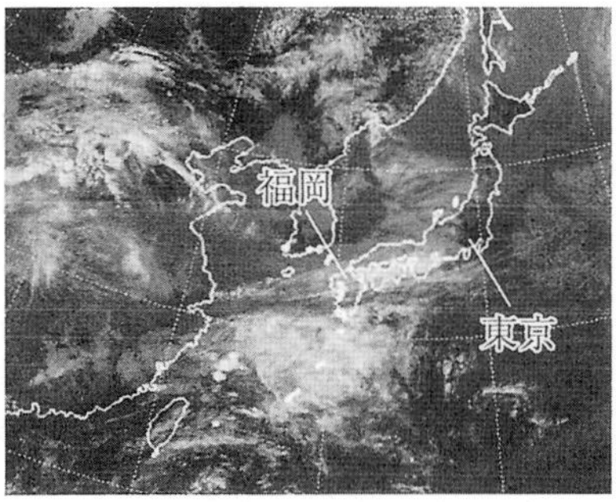

図２　ある日の雲の画像

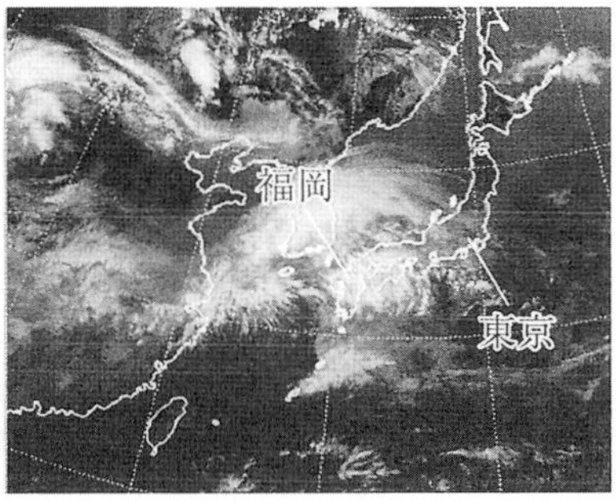

図３　**図２**の翌日の雲の画像

（気象庁提供）

②　台風が近づいたときの災害を説明した文として，**あやまっているもの**を，次の**ア**〜**エ**から一つ選び，記号で答えなさい。

ア　川がはんらんして，こう水が発生することがある。
イ　強い風がふき続けて，農作物が落ちたり，傷んだりすることがある。
ウ　山に大雨がふり続いて，土しゃくずれが起こることがある。
エ　津波が発生して，海岸付近などの建物や車などをおし流すことがある。

1　会話文中の下線①について，花奈さんは日本各地の気候について調べ，【資料１】を作成しました。【資料１】が示す気候が見られる場所はどこですか。地図中の**ア**～**エ**から１つ選び，記号で答えなさい。

【資料１】

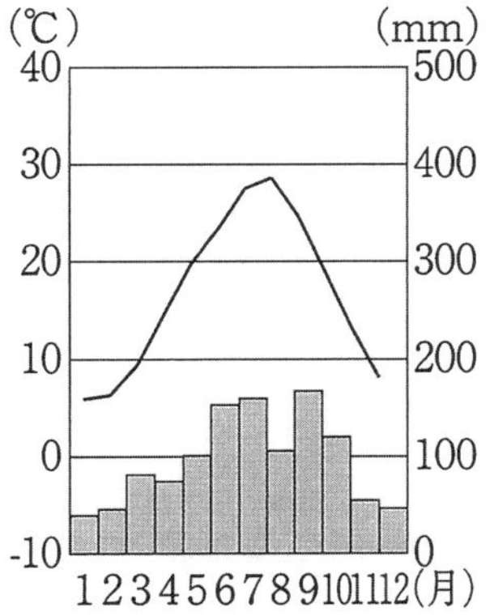

出典：理科年表 2023 年版

【地図】

2　会話文中の下線②について，育てる漁業の１つにさいばい漁業があります。さいばい漁業とはどのような漁業ですか。次の２つの語句を使って説明しなさい。

語句 | たまご　　放流 |

3　会話文中の下線③について，大地さんは日本の工業地帯・工業地域《ちいき》について調べ，【資料２】を見つけました。【資料２】からわかることとして適当なものをア～エから１つ選び，記号で答えなさい。

【資料２】日本の工業地帯・工業地域の工業出荷《しゅっか》額(2020 年)

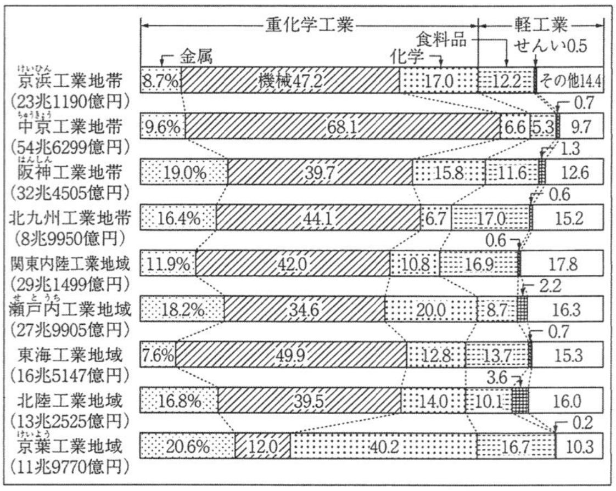

出典：日本国勢図会 2023/24 年版

ア　４つの工業地帯の工業出荷額は，すべて 20 兆円を上回っている。

イ　工業地帯・工業地域の中で，重化学工業の割合《わりあい》が最も小さいのは，北九州工業地帯である。

ウ　全体にしめる金属の割合が大きければ大きいほど，工業出荷額も大きい。

エ　工業地帯・工業地域の中で，化学が機械の割合を上回っているのは，京葉工業地域のみである。

4　会話文中の下線④について，大地さんは日本の食料の現状について調べ，【資料３】を見つけました。【資料３】からわかることとして適当なものをア～エから１つ選び，記号で答えなさい。

【資料３】食料品別輸入量の変化

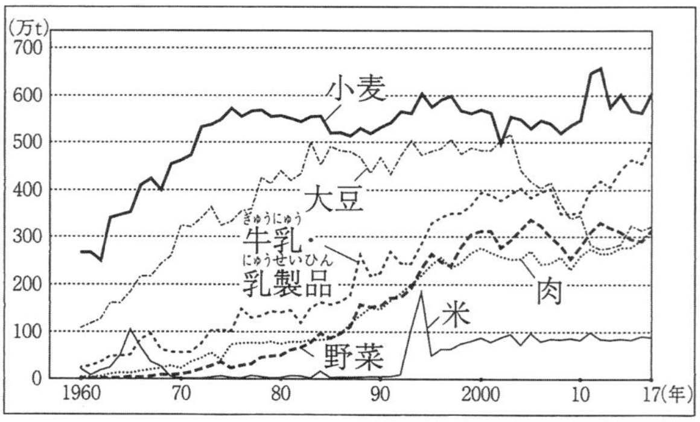

出典：食料需給表

ア　1960 年から 2017 年にかけて，小麦の輸入量が約４倍に増加した。

イ　牛乳・乳製品の輸入量が 300 万 t を初めて上回ったのは，2000 年以《い》降《こう》である。

ウ　2017 年の大豆の輸入量は，同じ年度の米の輸入量の３倍以上である。

エ　1960 年から 2017 年にかけて，野菜の輸入量は常に肉の輸入量を下回っている。

5　会話文中の ⑤ にあてはまる語句を，漢字４字で答えなさい。

4　桜子《さくらこ》さんは，社会科の授業で「日本で活躍《かつやく》した人物」をテーマに日本の歴史を調べて，歴史年表を作成しました。下の年表は，その一部です。桜子さんが作成した歴史年表をもとに，各問いに答えなさい。

【桜子さんが作成した歴史年表の一部】

時代	調べたこと
奈良時代	聖武《しょうむ》天皇が東大寺に大仏をつくる命令を出す……………………… A
平安《へいあん》時代	藤原道長《ふじわらのみちなが》が天皇に代わって政治を行う力をもつ…………………… B
鎌倉《かまくら》時代	源《みなもとの》　頼朝《よりとも》が征夷大将軍《せいいたいしょうぐん》に任命される……………………………… C
室町《むろまち》時代	足利義満《あしかがよしみつ》が明《みん》と貿易を始める… D
安土桃山《あづちももやま》時代	豊臣秀吉《とよとみひでよし》が天下統一をなしとげる………………………………… E
江戸《えど》時代	徳川家康《とくがわいえやす》が江戸幕府《ばくふ》を開く…… F ペリーが日本に来航する……… G

1　年表中のAについて，聖武天皇が仏教の力で国を守るために，全国に建てることを命じた寺を何というか，答えなさい。

2　年表中のDについて，足利義満が活躍《かつやく》した室町時代の文化について説明した文として適当なものを，**ア**～**エ**から1つ選び，記号で答えなさい。

ア　日本に正しい仏教を広めるために鑑真《がんじん》が来日し，唐招提寺《とうしょうだいじ》を建てた。

イ　漢字からかな文字がつくられ，紫式部《むらさきしきぶ》が「源氏物語《げんじものがたり》」を，清少納言《せいしょうなごん》が「枕草子《まくらのそうし》」を書いた。

ウ　本居宣長《もとおりのりなが》が「古事記伝《こじきでん》」を書き，日本の古くからの考え方を研究する国学を発展させた。

エ　雪舟《せっしゅう》が中国に渡《わた》って水墨画《すいぼくが》(すみ絵)を学び，水墨画(すみ絵)を芸術として大成した。

【資料1】江戸時代の大名の配置

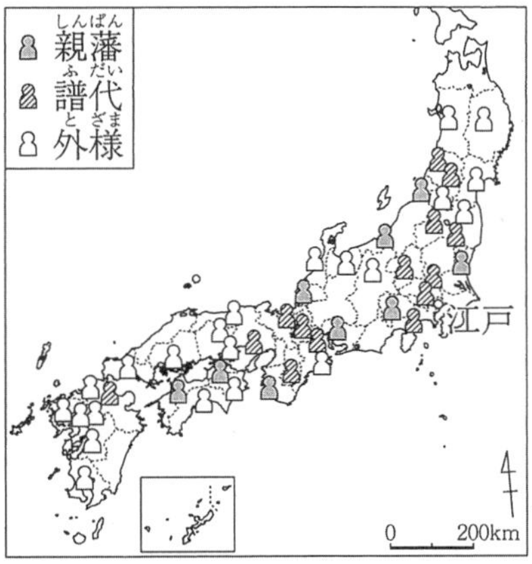

3　年表中のFについて，桜子さんは江戸幕府がどのようにして大名を支配していたのかについて興味をもち，調べていると，【資料1】を見つけました。それぞれの大名は，江戸幕府にとって都合のよい場所に配置されましたが，その配置の特徴《とくちょう》を，【資料1】を参考に，次の3つの語句を使って，説明しなさい。

語句　親藩・譜代　外様　江戸

4　年表中のGについて，ペリーはどこの国の使節として日本に来航しましたか。次の地図中の**ア**～**エ**から１つ選び，記号で答えなさい。

【地図】

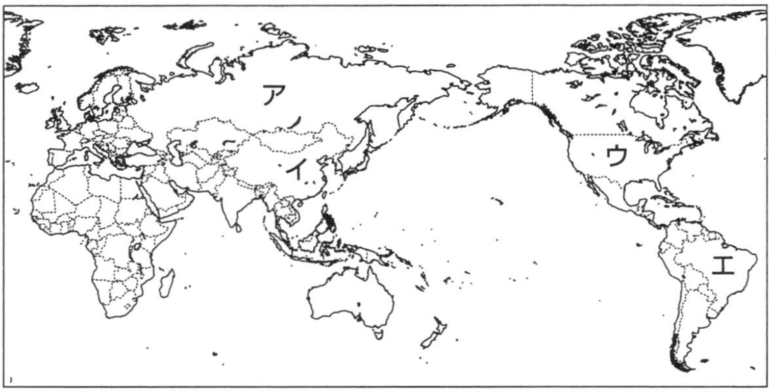

5　桜子さんは，日本で活躍した人物について調べていると，【資料２】を見つけました。【資料２】の内容を年表に追加するとき，追加する場所として適当なものを，あとの**ア**～**ク**から１つ選び，記号で答えなさい。

【資料２】

北条時宗《ほうじょうときむね》が御家人たちを集めて，元《げん》の大軍と戦った。

ア　Aの前　　**イ**　AとBの間　　**ウ**　BとCの間

エ　CとDの間　　**オ**　DとEの間　　**カ**　EとFの間

キ　FとGの間　　**ク**　Gの後

5　次の文章を読み，あとの問いに答えなさい。

日本では，国の権力《けんりょく》を立法権・行政権・司法権の３つに分けるしくみがとられています。

立法権をもっている国会，①行政権をもっている内閣《ないかく》，司法権をもっている裁判所《さいばんしょ》は，おたがいの役割《やくわり》をしっかりと実行できているかを確認《かくにん》しています。そうすることで，民主主義の政治を進めることができています。

1　文章中の下線①について，内閣が行う仕事として適当なものを，次の**ア**～**キ**から３つ選び，記号で答えなさい。

ア　裁判官をやめさせるかどうかの裁判を行う
イ　法律が日本国憲法に違反《いはん》していないかを調べる
ウ　外国と条約を結ぶ
エ　国会議員を選挙で選ぶ
オ　天皇の国事行為《こくじこうい》に助言と承認《しょうにん》を与《あた》える
カ　最高裁判所の長官を指名する
キ　内閣総理大臣を指名する

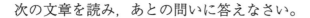

6　健太《けんた》さんが日本の人々《ひとびと》の暮らしの歴史について調べていると，【資料１】と【資料２】を見つけました。さらに調べていると，【資料３】を見つけました。【資料３】の文中の**貧富の差**と**争い**が縄文《じょうもん》時代から弥生《やよい》時代にかけて変化した理由を，【資料１】から【資料３】を参考に，「米づくり」という語句を使って説明しなさい。

【資料１】縄文時代の集落（想像図）

【資料２】弥生時代の集落（想像図）

【資料３】縄文時代と弥生時代の人々の生活の比較《ひかく》

縄文時代	縄文時代の人々は竪穴《たてあな》住居に住み，狩《か》りや漁をしたり，木の実などを採集したりして暮らしていた。人々の間には**貧富の差**はなく，**争い**はなかったと考えられている。
弥生時代	弥生時代の人々も竪穴住居に住み，狩りや漁をしたり，木の実などを採集したりして暮らしていた。それに加え，米づくりなどの農業も行っていた。人々の間には**貧富の差**が生まれ，**争い**が起こるようになったと考えられている。

与勝緑が丘中学校
開邦中学校
球陽中学校
名護高等学校附属桜中学校

受検番号	

令和５年度

沖縄県立中学校　適性検査Ⅰ

問　題　用　紙

（時間50分）

【注　意】

1　「始め」の合図があるまで、問題用紙を開けてはいけません。
2　問題用紙は、13ページまであります。
3　解答用紙は２枚です。
4　監督者の指示で
◆　問題用紙の受検番号の欄《らん》、解答用紙の受検番号と名前の欄にあなたの受検番号を書き入れること（解答用紙は２枚）。
◆　解答は、この問題用紙ではなく、解答用紙の決められた場所にていねいに記入すること。
5　印刷がはっきりしなかったり、問題用紙のページがたりなかったりする場合は、静かに手をあげてください。
6　「やめ」の合図で、すぐに鉛筆を置き、解答用紙を表にして机の上に置いてください。

＃教英出版 編集部　注
編集の都合上、解答用紙は表裏１枚にまとめてあります。

一　次の文章を読んであとの問いに答えなさい。

「どうした一年。だらしがねえぞ」

キャプテンの中田さんに命じられて、ぼくたちはグラウンドを走らされた。いつも先頭をきっているので、みんなの姿を見ずに走るのはなれていたが、今日だけは武藤や末永や久保がどんな顔でついてきているのか、気になってしかたがなかった。

誰もが、きのう末永をハメたことを後悔《こうかい》しているのだ。足を止めて、一年生全員で話し合いをして、昼休みのコート整備を当番制にかえてもらうようにキャプテンにたのもうと言いたかったが、おもいきれないまま、ぼくはグラウンドを走り続けた。

「よし、ラスト一周。ダッシュでまわってこい」

中田さんの声を合図に全力疾走《ぜんりょくしっそう》となり、ぼくは最後まで先頭を守った。

「ボールはかたづけておいたからな。昼休みのコート整備はちゃんとやれよ」

八時二十分をすぎていたので、ネットのむこうは登校する生徒たちでいっぱいだった。武藤に、まちがっても今日はやるなよと[Ⅰ]をさしておきたかったが、息が切れて、とても口をきくどころではなかった。

ラケットを持って四階まで階段をのぼりながら、ぼくは武藤と話さなくてよかったとおもった。ぼくが武藤を呼びとめていたら、ほかの一年生はぼくたちがなにを話しているのかと、気になってしかたがなかったにちがいない。武藤ではなく、久保か末永を呼びとめていても同じ不安が広がっていたはずだ。レイセイに考えれば、きのうのことは一度きりの悪だくみとしておわらせるしかないわけだが、疑いだせばきりがないのも事実だった。

もしかすると、みんなは今日も末永をハメようとしていて、自分だけがそれを知らされていないのかもしれない。もしかすると、きのうのしかえしに、末永がなにかしかけようとしているのかもしれない。もしかすると、二、三人の仲の良い者どうしでもうしあわせて、たとえ負けてもひとりにはならないように安全策をこうじているのかもしれない。

ウラでうちあわせ可能な手口がつぎつぎ頭にうかび、これは思っている以上に厄介《やっかい》だと、ぼくは頭をなやませた。

やはりキャプテンの中田さんに助けてもらうしかない。そうおもったが、それをおもいとどまったのは、きのうから今日にかけて、一番きついおもいをしているのは末永だと気づいたからだ。末永以外の一年生部員二十三人は、自分が加担した悪だくみのツケとして不安におちいっているにすぎない。それに対して末永は、今日もまたハメられるかもしれないというおそれをかかえながら朝練に出てきたのだ。最終的に中田さんにたのむとしても、まずはみんなで末永にあやまり、そのうえで相談するのが筋だろう。

そう結論したのは、三時間目のおわりぎわだった。おかげで授業はまるで頭にはいっていなかったが、ぼくはようやく自分のするべきことがわかった気がした。そこでチャイムが鳴り、トイレに行こうとろう下に出ると、武藤が顔をうつむかせてこっちに歩いてくる。

「よお」

「おっ、おお」

武藤はおどろき、気弱げな笑顔をうかべた。そんな姿は見たことがなかったので、もしかすると自分からこ問の浅井先生かキャプテンの中田さんにうちあけたのではないかと、ぼくはおもった。

それなら、昼休みには浅井先生か中田さんがテニスコートに来るはずだ。たっぷり怒られるだろうが、それでケリがつくならかまわなかった。

給食の時間がおわり、ぼくはテニスコートにむかった。しかし集まったのは一年生だけだった。ぼくは落たんするのと同時に自分のあまさに腹が立った。

いつものように二十四人で輪をつくったが、誰の顔も緊張《きんちょう》で青ざめている。末永にいたっては、歯をくいしばりすぎて、こめかみとあごがびくびく動いていた。いまさらながら、ぼくは末永に悪いことをしたと反省した。

しかしこんな状きょうで、きのうはハメて悪かったと末永にあやまったら、どんな展開になるかわからない。武藤をはじめとするみんなからは、よけいなことを言いやがってとうらまれて、末永だって怒りのやり場にこまるだろう。

だから、一番いいのは、このままふつうにグーパーじゃんけんをすることだった。うまく分かれてくれればいいが、偶然、グーかパーがひとりになる可能性だってある。ハメるつもりがないのに、末永がまたひとりになってしまったら、ジタイはこじれて収拾がつかなくなる。

みんなは青ざめた顔のまま、じゃんけんをしようとしていた。どうか、グーとパーが均等に分かれてほしい。

こぶしを顔の横に持ってきたとき、ぼくの頭に父の姿がうかんだ。一緒にテニススクールに通っていたころ、父は試合で会心のショットを決めると、応えんしているぼくたちにむかってポーズをとった。ぼくや母も、同じポーズで父にこたえた。

「グーパー、じゃん」

かけ声にあわせて手をふりおろしたぼくはチョキをだしていた。本当はVサインのつもりだったが、この状きょうではどうしたってチョキにしか見えない。ぼく以外はパーが十五人でグーが八人。末永はパーで、武藤と久保はグーをだしていた。

ぼくが顔をあげると、むかいにいた久保と目があった。
「太二、わかったよ。おれもチョキにするわ」
久保はそう言ってグーからチョキにかえると、とがらせた口から息をはいた。
「なあ、武藤。グーパーはもうやめよう」
久保に言われて、武藤はくちびるをかくすように口をむすび、すばやくうなずいた。そして、武藤はにぎっていたこぶしから人差し指と中指をのばすと、ぼくにむかってその手をつきだした。
武藤からのVサインをうけて、ぼくは末永にVサインを送った。末永は自分の手のひらを見つめながらパーをチョキにかえて、輪のなかにさしだした。

（佐川光晴「大きくなる日」より一部抜粋及び改変）

1　文章中の〰〰線の「レイセイ」「ジタイ」を正しい漢字に直しなさい。

2　文章中の［ I ］に入る言葉を、次から一つ選び、記号で答えなさい。
ア　とげ　　イ　くぎ　　ウ　むね　　エ　はり

3　下記の図は、登場人物の心情や行動を表したものです。図をみてあとの問いに答えなさい。

⑴　図の（ a ）に入る人物を、次から一つ選び、記号で答えなさい。
ア　中田さん　　イ　久保　　ウ　ぼく　　エ　武藤

⑵　［ b ］に入る内容を、本文の内容を参考に「昼休みのコート整備を決めるとき～こと」に入る形で書きなさい。

⑶　［ c ］は、（ a ）の人物の心情が読み取れる表現が入ります。本文中‖線アから‖線エの中から一つ選び、記号で答えなさい。

⑷　［ d ］に入る、心情を表す三文字の言葉を、本文中から抜き出しなさい。

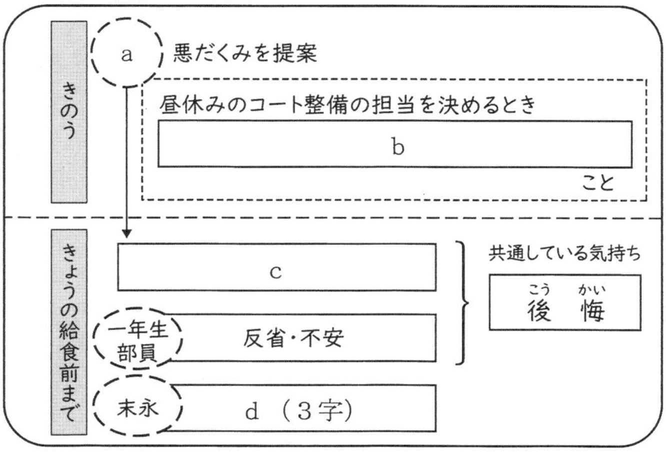

4　登場人物について、次の条件に従って文章を書きなさい。なお読み返して文章を直したいときは、二重線で消したり、行間に書き加えたりしてもかまいません。

〈条件〉

（1）登場人物「ぼく」「武藤」「末永」から一名選ぶこと。

（2）選んだ登場人物について、次の①②の二点について書くこと。

①　選んだ登場人物がどういう人物なのか、文章中の行動や心情を表す表現をふまえて書くこと。

②　①を通して、選んだ人物に対するあなたの考えを具体的に書くこと。

（3）題名や氏名は書かず、本文から書き始めること。

（4）一〇〇字以上一四〇字以内の文章にすること。

注意点　4を解答する際、次のことに注意すること。

①　原稿《げんこう》用紙の適切な使い方をすること。

②　漢字や仮名遣《かなづか》い、句読点などは適切に用い、文法的なきまりを守って書くこと。

③　数字や記号を使う場合は、次のように書いてもよい。

（例）

平	成	30	年

2	0	2	2	年

30	件

4	月

？	！

二　次の文章を読んであとの問いに答えなさい。（文章中の1から10は段落番号を示す）

1　この頃《ごろ》の天気予報は、「雨になるおそれがあるので、傘《かさ》を持ってお出かけになる方がいいでしょう」などと、天気予報以外のこともいいます。

2　天気予報は雨、晴れの情報だけでいいのに、「服を一枚持って出かけましょう」といったりします。サービスのつもりでいっているのだと思いますが、これは、ほんとうは自分で考えることです。予報士に最後にいわれた、「一枚多めに着ていきましょう」という言葉がテレビを見ている人の頭に残って、そのとおりにしたら「暑かった」なんていうことがあると、文句をいったりします。でも、一枚余計に着ていこうといくまいと、それはこちらの責任です。そもそも「予報」なんですから、ほんとうのことはわからない、という大前提があります。テレビを見ても、聞いても、自分で考えるという姿勢が大切です。

3　腰《こし》が痛いときはこういう運動をしたらいい、健康にはこんな食べものがいいらしい、という人がいるので、「どうして？」と聞くと、よく「テレビでそういっていた」「人がこういっていた」などと疑いもせずに答えることがあります。ただ何となく、だれかがいっていたからいい、と思ってしまう。テレビや新聞でいっていることをそのまま受けとり、自分で考えていないことは、日常的によくあることです。

4　A ほかにも「考えなくてもすむようになっていること」に、どんなことがあるのか、ぜひ、考えてみてほしいと思っています。

5　「おぼれる者は藁《わら》をもつかむ」というのは、じつにいいことわざだと思っています。このことわざは、［　Ⅰ　］という意味がありますが、世の中のほとんどのものごとが、このことわざにあてはまります。

6　ものを売りつけようとする人は、この気持ちを利用しています。［　Ⅱ　］藁を売れば元手がかからず、もうかるので、藁を売りたい。そして、藁を買ってもらうためには、まず、おぼれさせなくちゃいけない。そして、つかんだ人は、それを藁とは思っていない。これは、ふりかえってみると、とてもよくあることです。

7　たとえば、「若見え」という言葉をわたしは疑っています。

8　「このクリームで十歳《さい》、若く見えます」というようなコマーシャルがあります。「若く見えてどうするんだろう、年齢相応《ねんれいそうおう》の美しさを目標にすればいいのに」と思いますが、まず「若く見える方がいい」と思わせて、消費者をおぼれさせ、藁をつかみたい気持ちにさせています。わたしたちはそれに気がついていません。

[9] 小じわをのばすクリームや、やせる薬など、そんなに早く効いたらこわくないだろうか？　と思うほど、みるみるうちに効くというのですから、わたしは警戒《けいかい》します。実際に、美白効果とうたって、白いまだらができた事件がありました。

[10] コマーシャルの短い時間の中でいいたいことをたくさんいおうとすると、そうなりやすいのか、棒グラフなどの統計グラフを持ちだして、説得しようとしている場面は、わたしにはかえって安易に見えます。グラフには科学的な装《よそお》いがありますので、ますます信用できません。

（安野光雅「かんがえる子ども」福音館書店より一部抜粋及び改変）

1　文章中の～～～線「元手」「安易」をひらがなに直しなさい。

2　文章中の［Ⅰ］に入る言葉を、次から一つ選び、記号で答えなさい。

ア　危険な状態になると、なりふりかまわず行動してしまう
イ　役に立たないものでも、困っているときはすがってしまう
ウ　どんなに得意なことでも、失敗してしまうことはある
エ　混乱してしまうと、周りが見えなくなり、失敗をしてしまう

3　文章中の［Ⅱ］に入る言葉を、次から一つ選び、記号で答えなさい。

ア　しかし　　イ　または　　ウ　つまり　　エ　もっとも

4　次の表は、形式段落[6]と[8]の内容を対応させたものです。［a］と［b］の空らんにあてはまる言葉を、形式段落[8]の中から抜き出しなさい。また、［c］に入る言葉を文章中の言葉を参考に考え、十五字以内で書きなさい。

形式段落[6]	藁	おぼれさせる	藁をつかんだ人	藁とは思っていない
形式段落[8]	［a］	「若く見える方がいい」と思わせる	［b］	［c］思っている

(3) 下のグラフはある時期の晴れの日と雨の日の，一日の気温の変化を表したものです。このグラフよりわかる事について，正しいものを下のア〜エから一つ選び記号で答えなさい。

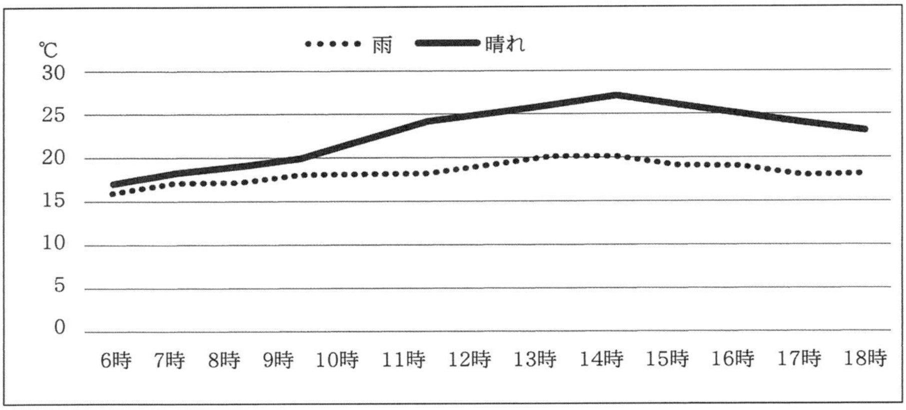

ア　雨の日は，一日の気温の変化が小さくなる。
イ　晴れている日は，昼の12時頃に最も気温が高くなる。
ウ　雨の日は，ジメジメした一日になる。
エ　晴れている日は風が強くなることが多い。

(4) うめ立て地などでは，大きな地震が起きたときに，土地が液体のようになることがあります。このような現象を何というか。　**※この問題は不備により全員正解となりました。**

7 次の各問いに答えなさい。

(1) 次の会話文を読んで，問いに答えなさい。

娘：　夕日に映える，きれいな菜の花畑ね。

母：　本当ね。「菜の花や月は東に日は西に」という俳句を知っているかしら。

娘：　一面に広がる黄色の菜の花畑で，西の空に沈む太陽と東の空に浮かぶ月を同時に見たときの感動が伝わってくるすてきな俳句ね。授業で教わったわ。

母：　ところで，この句を詠《よ》んだときに見えた月は，どんな形をしていたのかしら。

① 会話文中の下線部について，「菜の花や月は東に日は西に」という俳句が詠《よ》まれた時の月の形を答えなさい。

② 月の表面にはたくさんのくぼみがあります。これを何というか。

(2) 午前10時，正午，午後２時に，ぼうがつくるかげを観察しました。図はそのときの太陽の動きとかげのようすを表したもので，「**い**」が正午のときのかげです。午後２時のかげは「**あ**」～「**う**」のどれになりますか，記号で答えなさい。

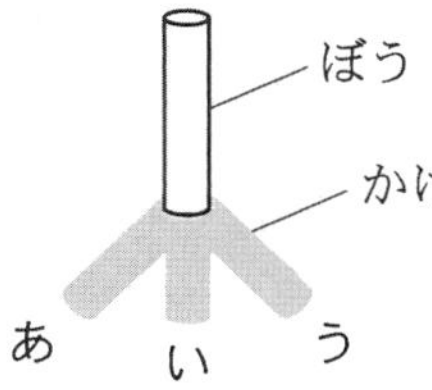

6 次の問いに答えなさい。

(1) 次の（ア），（イ）の文章は，２つの気体について説明したものです。（ア）（イ）に当てはまる気体名を答えなさい。

（ア） この気体は，空気中の体積の約78％を占めている。この気体が入ったびんにろうそくを入れると，ろうそくはすぐに消えた。

（イ） この気体は，ものを燃やすはたらきがあり，生物が生きていくために，とても大切である。

(2) 図1のグラフは水温を変えたときの，100ｇの水にとけるミョウバンの量を表したものです。次の問いに答えなさい。

① 100ｇの水に30ｇのミョウバンを溶かしたとき，水溶液の質量は何ｇか。答えなさい。

② 図1のグラフから，水にとけるミョウバンにはどのような特ちょうがあるか。【水温　とける量】の語句を使って説明しなさい。

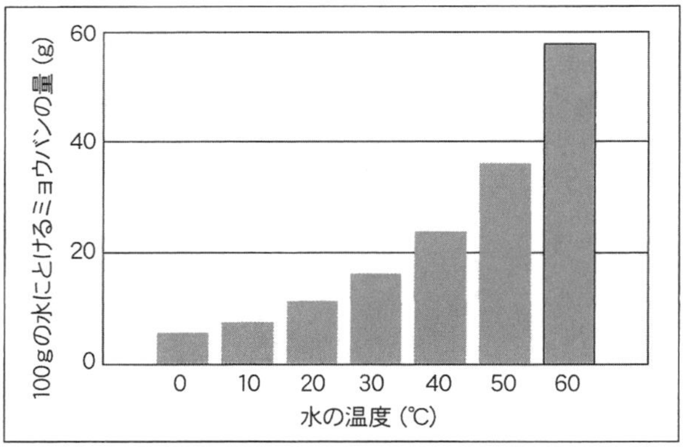

図 1

③ 60℃の水にミョウバンを40ｇとかし，しばらく置きました。ミョウバン水の温度が30℃になったとき，ミョウバンのつぶは出てくるか。「出る」か「出ない」で答えなさい。

(4) メダカのたまごが育っていく順番にならべなさい。

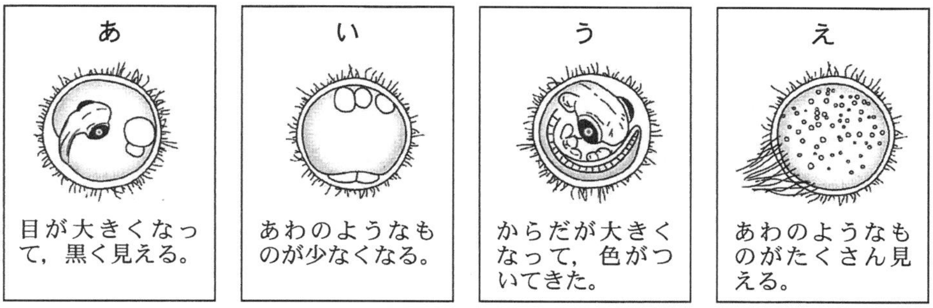
あ
目が大きくなって，黒く見える。
い
あわのようなものが少なくなる。
う
からだが大きくなって，色がついてきた。
え
あわのようなものがたくさん見える。

(5) アゲハチョウの幼虫はどれですか。
右の図１～４から一つ選び，記号で答えなさい。

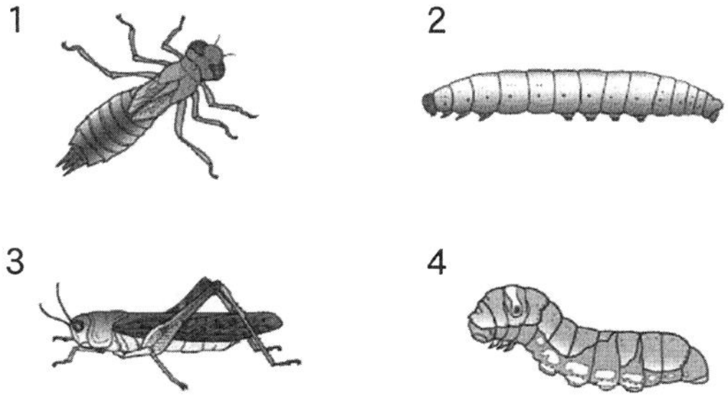
1
2
3
4

(6) ほねと筋肉のはたらきにより，からだをささえたり，さまざまにからだを動かすことができるが，ほねとほねのつなぎ目のことを何というか，漢字で答えよ。

5　次の問いに答えなさい。

(1)　図のように，「あ」では容器の中に水でしめらせただっし綿を入れ，その上にインゲンマメの種子を置きました。「い」では容器の中にかわいただっし綿を入れ，同様にインゲンマメの種子を置きました。そして「あ」をあたたかい室内に置き，「い」は冷ぞう庫の中に置きました。３日後にそれぞれ確認すると，「あ」は発芽していたが，「い」は発芽していませんでした。この実験から，種子が発芽するには「適当な温度」が必要であると言えますか。「言える」か「言えない」で答え，その理由も説明しなさい。

図　　あ　　　　い

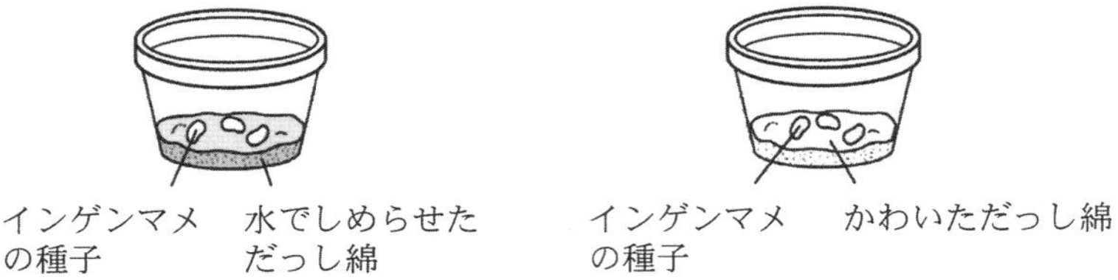

(2)　鼻や口から入った空気から，酸素を血液中にとり入れたり，血液中の二酸化炭素を取り出したりするからだの臓器を何というか，漢字で答えなさい。

(3)　ホウセンカの花とそのたねの組み合わせとして正しいものを，下の図の①～③の花と，ア～ウのたねの図からそれぞれ一つずつ選びなさい。

①

②

③

ア

イ

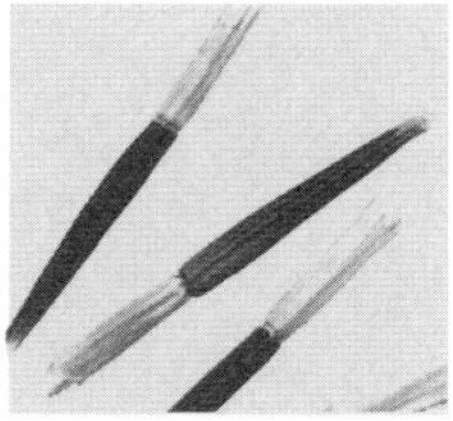

ウ

二

1

元手

安易

2

3

4

a

b

c

5

6

60字

100字

1．２点×２
2．２点
3．２点
4．a．２点
b．２点
C．３点
5．２点
6．８点

140字

令和５年度
沖縄県立中学校

適性検査Ⅰ　解答用紙②

受検番号

名前

三

1	2	3	4	5
			海里	

３点×５

四

1	2	3	4	5

３点×５

令和５年度　沖縄県立中学校 適性検査Ⅱ　解答用紙 ①	受検番号	名　　前

1 3点×8		
	(1)	
	(2)	
	(3)	cm
		個
	(4)	m
	(5)	cm^3
	(6)	cm^2
	(7)	円

3 (1) 3点 (2) 3点×2 (3)① 3点 ② 5点			
	(1)	【説明】	
	(2)	①	cm^2
		②	倍
	(3)	①	cm

【解答用

令和５年度　沖縄県立中学校 適性検査Ⅱ　解答用紙 ②

受検番号	名　　前

4

(1) ２点×２ ②は完答
(2) ① ２点×２ ② ３点

(1)	①				
	②	㋐	㋑	㋒	
(2)	①	ア			
		イ			
	②				

6

(1) ２点×２
(2) ① ２点 ② ３点 ③ ３点

(1)	ア	
	イ	
(2)	①	g
	②	
	③	

7

(1) ① ２点

(1)	①	

2点 理由 3点 (2) 2点 (3) 完答 2点 (4) 2点 (5) 2点 (6) 2点	(1)	理由	
	(2)		
	(3)	花	
		たね	
	(4)	→ → →	
	(5)		
	(6)		

2点 (4) 3点	(2)	
	(3)	
	(4)	

小計	点

合計	点

※100点満点

3点		
(2) 6点	(2)	【説明】

小計		点

六

2

8点

3

合　計
点

※100点満点

小　計
点

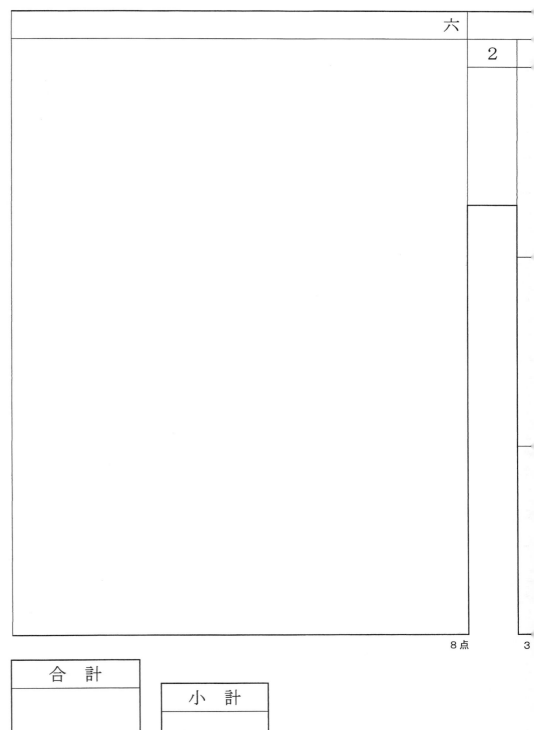

令和5年度
沖縄県立中学校

適性検査Ⅰ 解答用紙①

受検番号

名前

一

1
レイセイ
ジタイ

2

3
(1) a
(2) b
昼休みのコート整備を決めるとき
こと
(3) c
(4) d

4

20字

1．2点×2
2．2点
3．(1)2点
(2)5点
(3)2点
(4)2点
4．8点

小計
点

1　次の各問いに答えなさい。

(1)　$6.1\times 7-1.5\times 14+2.3\times 21$ を計算しなさい。

(2)　右の図１のように，おはじきを１辺が x 個の正方形になるようにならべました。
　下のア～ウの図は，図１のおはじき全部の数え方を表した図です。
　次の**式**は，おはじき全部の数え方を表したものです。

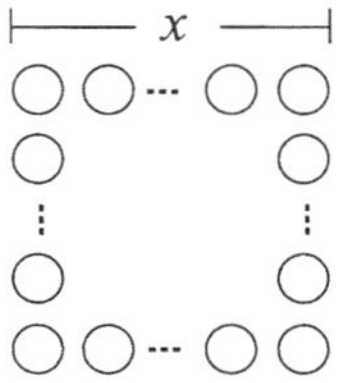

【図１】

式　$(x-2)\times 4+4$

式にあった図をア～ウの中から選びなさい。

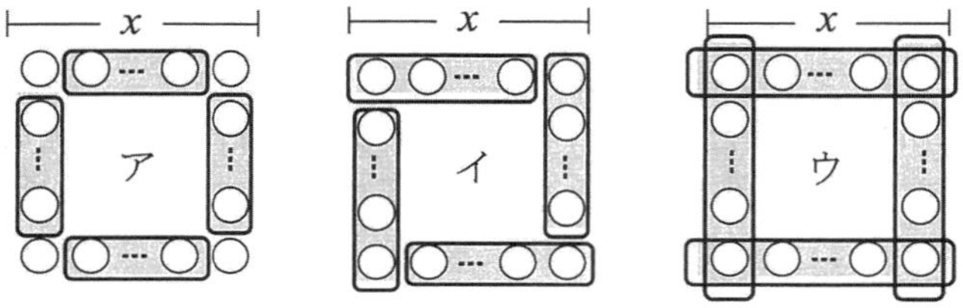

(3)　たて12cm，横15cm，高さ10cmの直方体の形をしたブロックがあります。このブロックを同じ向きに，すき間なくならべて立方体をつくります。
　このときできる，一番小さい立方体の１辺の長さは何cmですか。
　また，ブロックは何個必要ですか。

(4)　垂直に立てた２mの棒に，長さ２mのかげができています。
　このとき，右の図のように木のかげがＡまで伸びていました。
　この木の高さは何mですか。

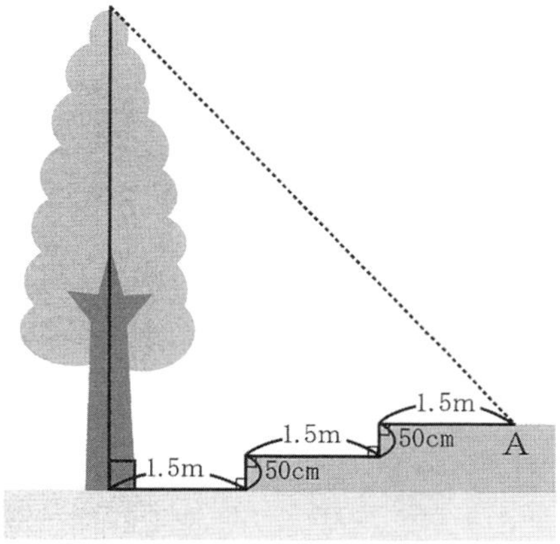

(5)　右の容器の容積を求めなさい。（板の厚さは１cm）

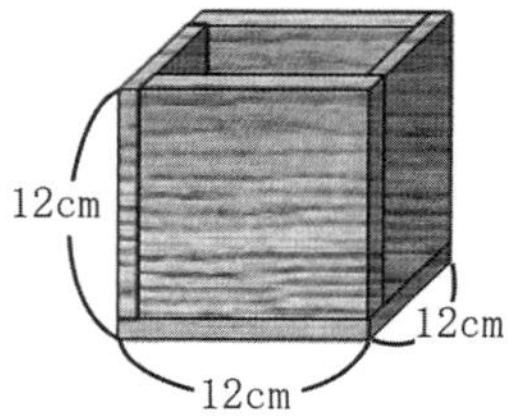

(6)　右の図の色のついた部分の面積を求めなさい。

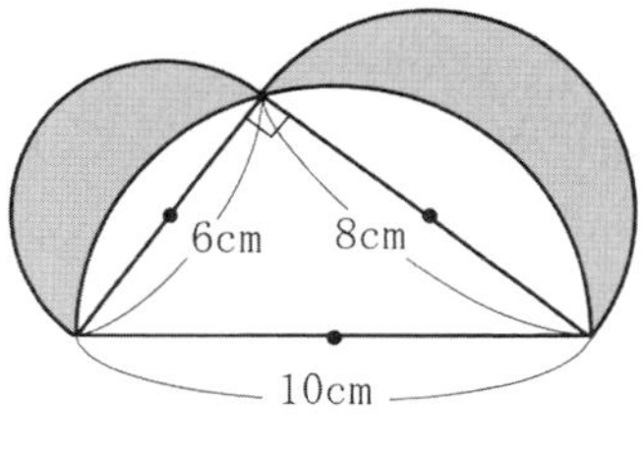

(7)　兄と弟の２人が，お母さんからもらったこづかいを９：７の比で分けたら２人のもらった金額のちがいは300円になりました。お母さんからもらったこづかいは全部でいくらですか。

2　みつるさんの小学校で，１か月に読んだ本の冊数についてアンケートをとり，その結果を図のようにまとめました。

図

みつるさんの小学校の各学年の人数（人）

	１年生	２年生	３年生	４年生	５年生	６年生
人数	100	98	95	92	90	120

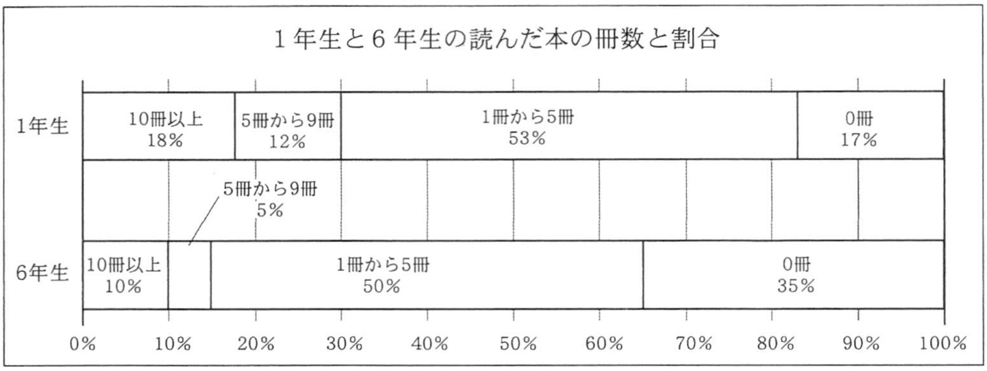

(1)　読んだ本の冊数が５冊から９冊の**人数**は，1年生の方が多いことがわかります。
６年生に比べ，1年生の**人数は何倍になるか**答えなさい。

(2)　みつるさんは，読んだ本の冊数が10冊以上の人数を学年ごとにグラフにまとめました。

グラフ

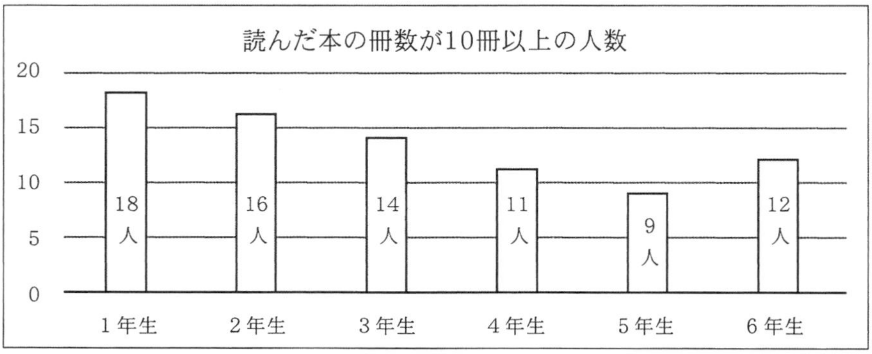

みつるさんは**グラフ**から，「1年生から５年生では学年があがると読んだ本の冊数が10冊以上の人数は少なくなり，５年生から６年生では多くなる。」と考えました。

しかし，**割合に着目すると**，「５年生から６年生では多くなるとは言い切れない。」と主張することもできます。その理由を**割合を使って説明しなさい**。

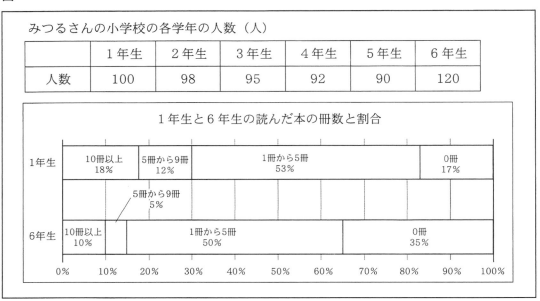

3　まなぶさんは，いろいろな図形を対角線で折り曲げてできる形について考えています。
次の各問いに答えなさい。

(1)　右のⓐの直角三角形の面積を求める式は，
$4 \times 4 \div 2$
と表すことができます。
この式は，正方形 ABCD を対角線 AC で折り曲げたとき，
「三角形 ABC と三角形 CDA は，面積が等しい」
ので，正方形 ABCD の半分の面積と考えることができるからです。

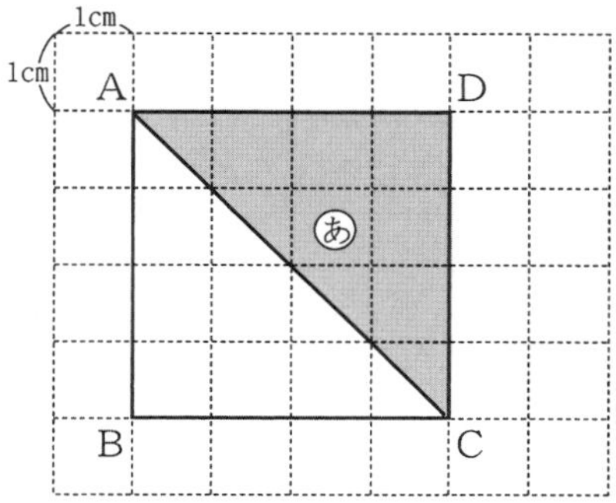

「三角形 ABC と三角形 CDA は，面積が等しい」ことは，正方形 ABCD を１つの対角線で２つの三角形に分けたとき，２つの三角形はある関係であることを利用しています。
この関係を「…は，～である。」の形で説明しなさい。

(2)　まなぶさんは，正方形 ABCD を下のような長方形 ABCD に形を変えて，考えました。
長方形 ABCD を対角線 AC で折り曲げたところ，三角形 CDF の各辺の長さが３cm，４cm，５cmになりました。

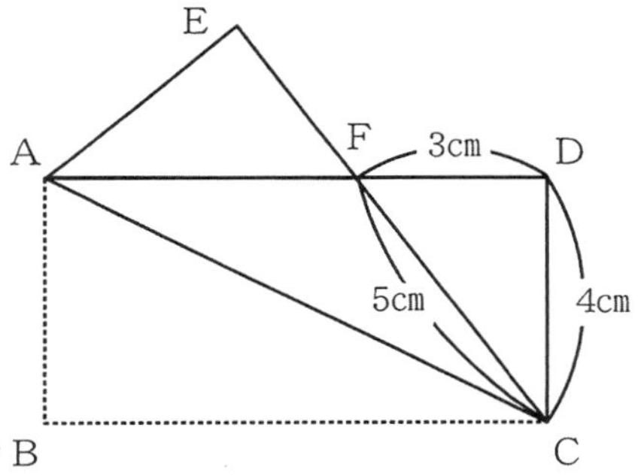

①　三角形 AFC の面積を求めなさい。

②　三角形 AEC と三角形 AFC は，対角線 AC を底辺とする三角形と考えると，三角形 AEC の高さは，三角形 AFC の高さの何倍か答えなさい。

(3)　まなぶさんは，さらに長方形 ABCD を下のような底辺が 7 cmの平行四辺形に形を変えて，考えました。

平行四辺形 ABCD を対角線 AC で折り曲げたところ，AF と FD の長さの比が，AF：FD＝2：1になりました。

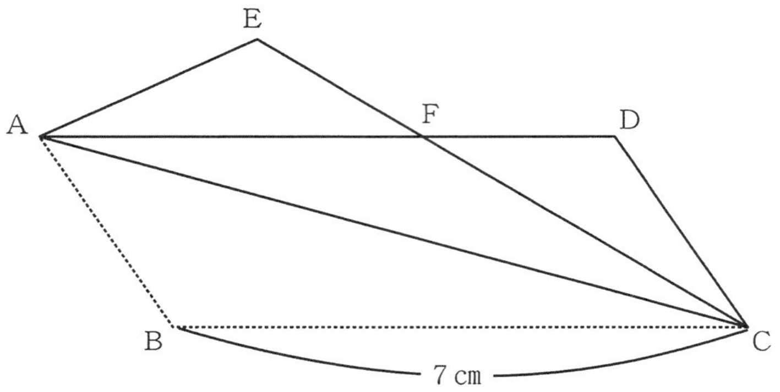

①　FD の長さを求めなさい。

②　三角形 AEF の面積が 2.8㎠になります。このとき，平行四辺形 ABCD の高さを求めなさい。

4　次の問いに答えなさい。

(1)　音の性質について，次の①，②について答えなさい。

①　次の文は音の性質について説明しています。（　　）に当てはまる語句を書きなさい。

音が出ているとき，ものは（　　　　　）。

②　次の図のように糸電話で話したとき，音が伝わるものには○，伝わらないものには×をつけなさい。

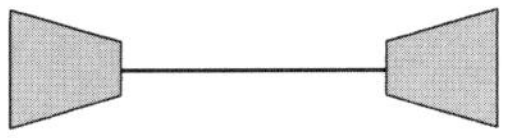

㋐糸がはっているとき

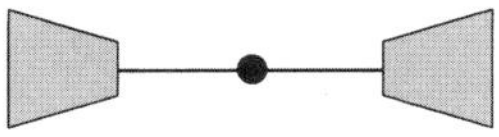

㋑●印をゆびでつまんでいるとき

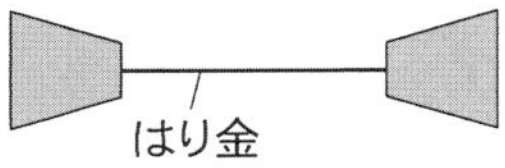

㋒糸をはり金にかえたとき

(2)　次の各問いに答えなさい。

①　次の文は，電磁石の性質について述べたものです。（ア），（イ）に当てはまる語句を答えなさい。

電磁石に流れる電流を（ ア ）したり，コイルのまき数を多くしたりすると電磁石が鉄を引きつける力は（ イ ）。

②　右の図のように，電池2個と電球1個をつなぎ回路をつくりました。この回路を，電気用図記号(回路図記号)を使い回路図で表しなさい。

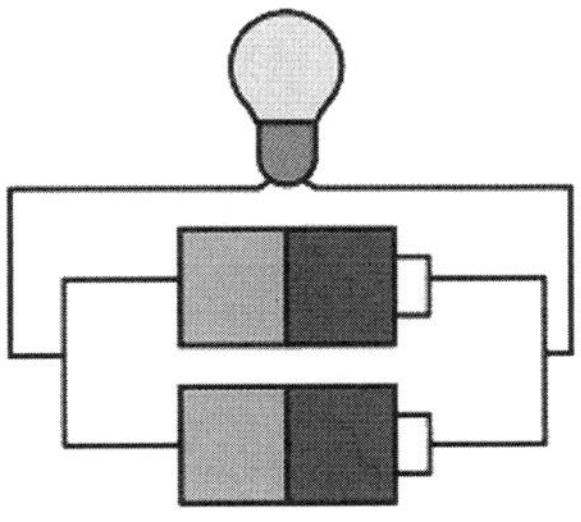

受検番号	

令和５年度

沖縄県立中学校　適性検査Ⅱ

問　題　用　紙

（時間50分）

【注　意】

1　「始め」の合図があるまで、問題用紙を開けてはいけません。
2　問題用紙は、11ページまであります。
3　解答用紙は２枚です。
4　監督者の指示で
◆　問題用紙の受検番号の欄《らん》、解答用紙の受検番号と名前の欄にあなたの受検番号を書き入れること（解答用紙は２枚）。
◆　解答は、この問題用紙ではなく、解答用紙の決められた場所にていねいに記入すること。
5　印刷がはっきりしなかったり、問題用紙のページがたりなかったりする場合は、静かに手をあげてください。
6　「やめ」の合図で、すぐに鉛筆を置き、解答用紙を表にして机の上に置いてください。

5　筆者の主張にあてはまるものを、次から一つ選び、記号で書きなさい。
ア　テレビや新聞などの情報をそのまま信じることはせず、その情報をもとに自分で考えてみることが大切です。
イ　テレビや新聞などの情報をそのまま信じることはせず、インターネットを使い自分で調べることが大切です。
ウ　コマーシャルは短い時間で棒グラフなどの統計グラフを使って説明するため説得力がある。
エ　コマーシャルは短い時間で棒グラフなどの統計グラフを使って説明するため一目で分かる。

6　文章中の～～～線A「ほかにも『考えなくてもすむようになっていること』に、どんなことがあるのか、ぜひ、考えてみてほしい」とあるが、あなたが考える「考えなくてもすむようになっていること」を、次の条件に従って書きなさい。なお読み返して文章を直したいときは、二重線で消したり、行間に書き加えたりしてもかまいません。書きなさい。

〈条件〉
（1）筆者の意見や内容をふまえて書くこと。
（2）題名や氏名は書かず、二段落で書くこと。
（3）第一段落には、「考えなくてもすむようになっていること」を具体的に書くこと。
（4）第二段落には、なぜそれが「考えなくてもすむようになっていること」なのか理由を具体的に書くこと。
（5）六〇字以上一〇〇字以内の文章にすること。

注意点
6を解答する際、次のことに注意すること。
①　原稿《げんこう》用紙の適切な使い方をすること。
②　漢字や仮名遣《かなづか》い、句読点などは適切に用い、文法的なきまりを守って書くこと。
③　数字や記号を使う場合は、次のように書いてもよい。

（例）

平	成	30	年	
2	0	2	1	年
30	件			
4	月			
?	!			

三　幸子さんと清太さんは、社会科の授業で学んだ、日本の水産業についての学習をふり返っています。そのときの会話の一部が、左の内容です。会話の内容をみて、各問いに答えなさい。

【幸子さんと清太さんの会話の一部】

幸子　「日本では、魚がよくとれるのよね。」

清太　「そうだね。日本の近海は、暖流と［　①　］がぶつかり、大陸だなが多いので、魚の種類も豊富で、良い漁場になっているんだよ。」

幸子　「私は、さんま が大好きだわ。他にも、かつお や 養しょくの ぶり も大好き。」

清太　「②漁業がさかんな都道府県はどこだろうね。今度、調べてみようっと。」

幸子　「私も、③水産業について調べてみたわ。いろいろ調べていくうちに、④日本の水産業が抱《かか》えている課題もみえてきたの。」

清太　「持続可能な水産業をめざして、取り組む必要があるよね。」

【資料１】

都道府県名	面積（k㎡）	人口（万人）	人口密度（1k㎡あたり人）	農業生産額		漁業生産額（億円）
				（億円）	米の生産額（億円）	
北海道	83424	537	64	12115	1167	2608
長崎県	4132	139	337	1582	127	681
静岡県	7777	376	483	2266	196	559
沖縄県	2281	147	643	1025	6	127

出典：東京書籍　新しい社会科地図

1　会話文中の［①］に入る語句を、漢字2字で答えなさい。

2　会話中の下線②について、清太さんは地図帳から漁業生産額の多い上位3つの道県と、沖縄県のデータを調べ、【資料1】を作成しました。【資料1】からわかることとして適当なものを次のア～エからすべて選び、記号で答えなさい。

ア　漁業生産額の多い上位3つの道県の中には、漁業生産額が、農業生産額を上回る道県がある。

イ　漁業生産額の多い上位3つの道県の共通点は、すべて日本海に面していることである。

ウ　北海道は、面積が広く、漁港の数も一番多いので、漁獲量は日本一である。

エ　長崎県は、面積では沖縄県の2倍の大きさはないが、米の生産額は、20倍以上ある。

【資料２】漁業別の生産量の変化

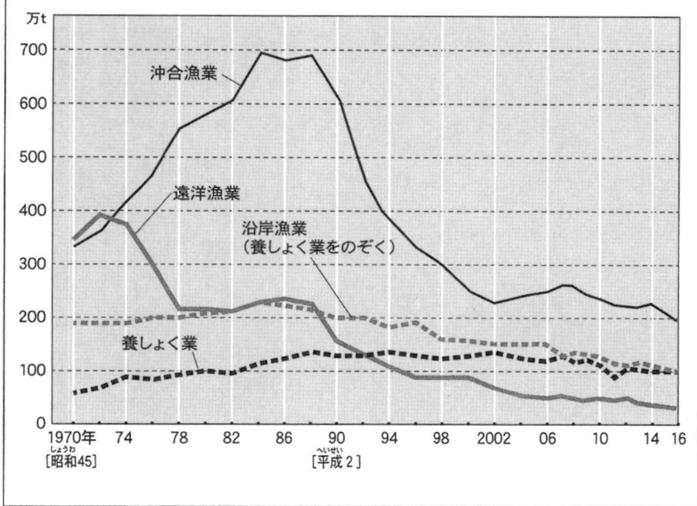

出典：東京書籍　新しい社会５上

【資料３】漁業で働く人数の変化

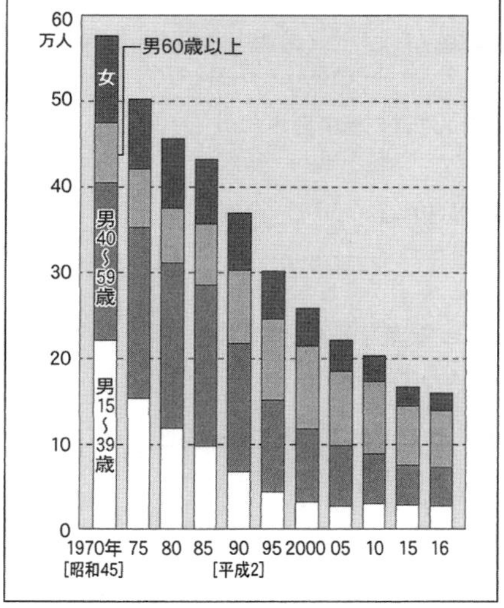

出典：東京書籍　新しい社会５上

3　会話中の下線③について、幸子さんは、水産業について調べ、【資料２～３】の資料をみつけました。【資料２】からわかることとして適当なものをア～エからすべて選び、記号で答えなさい。

ア　沖合漁業が著しく減少したのは、１９９４年以降である。

イ　沖合漁業が減少したのは、水産物の輸入が増加したからである。

ウ　１９８４年には、日本全体で約７００万トンの生産量があった。

エ　２０１６年現在は、遠洋漁業は過去40年で最低水準である。

4　【資料２】で１９７０年代後半頃から遠洋漁業の漁獲《かく》量が減ったのは、各国が沿岸からあるきょりのはん囲の海で、他国の漁船がとる魚の種類や量を制限したことと関係がある。あるきょりとは、何海里ですか。

5　会話中の下線④について、【資料３】からわかる日本の水産業が抱《かか》える課題の一つを説明しなさい。ただし、年齢《れい》についても触《ふ》れること。

四　良太さんは、社会の時間に、「日本と世界との関わり」をテーマに日本の歴史を調べて、歴史年表を作成しました。左の年表は、その一部です。良太さんが作成した歴史年表をもとに、各問いに答えなさい。

【良太さんが作成した歴史年表の一部】

時代	調べたこと
弥生時代	中国や朝鮮半島から米づくりの技術が伝わる……………………………A
古墳時代	渡来人《とらいじん》から進んだ技術が日本にもたらされる………………………………B
飛鳥～奈良時代	遣隋使《けんずいし》が派遣される 遣唐使《けんとうし》が派遣される………………………C
【①】時代	大陸から伝わった漢字をもとに、かな文字がつくられた……………………D
鎌倉時代	元《げん》が2度にわたってせめてくる…………E
室町～安土桃山時代	多くの宣教師《せんきょうし》が日本に来る ヨーロッパとの貿易がおこなわれる…F
江戸時代	東南アジア各地との貿易がさかんにおこなわれる……………………………G 鎖国《さこく》が完成する……………………………………H

地図

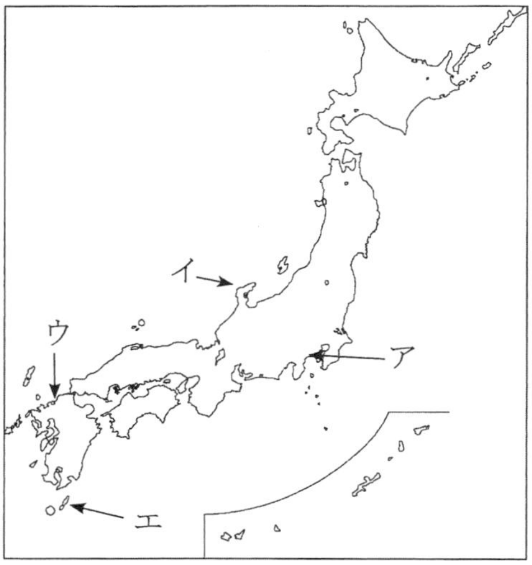

【資料１】

出典：教育出版　小学６

1　年表中の【①】にあてはまる語句を、答えなさい。

2　年表中のCについて説明した文章として、適切でないものを次のア～エから１つ選び、記号で答えなさい。

ア　当時は、航海の技術が発達していなかったので、船が難破《なんぱ》することもあり、唐への渡航《とこう》は命がけだった。

イ　遣唐使《けんとうし》には、朝廷から任命された大使の他に、留学生や留学僧《そう》がいて、中国の進んだ政治のしくみや文化を学んだ。

ウ　遣唐使《けんとうし》の中には、鑑真《がんじん》がいて、何度も渡航《とこう》に失敗したが、６度目にようやく唐にたどり着き、仏教の発展につくした。

エ　遣唐使《けんとうし》により、多くの大陸の文化や文物が日本へもたらされ、このころ日本では、中国風の文化がさかんになった。

3　年表中のEについて、元が２度にわたってせめてきた場所はどこですか。上の地図中のア～エから１つ選び、記号で答えなさい。

4　良太さんは、年表中のA～Hの出来事に関連する資料として、資料１を見つけました。資料１は、年表中A～Hのどの出来事と関連が深いか。１つ選び、記号で答えなさい。

5　良太さんは、「日本と世界との関わり」をテーマに調べたことを、次のようにまとめました。

【良太さんがまとめた内容】

まとめ 日本の歴史は、世界との関わりの中ではぐくまれていて、そのときそのときの世界との関わりが、日本の政治や文化、人々の生活にも影響を与えていることがわかりました。

年表中のEの出来事は、日本にどのような影響《えいきょう》を与えたのか。次の2つの語句を使って、説明しなさい。

語句

幕府と御《ご》家人との関係　・　ほうび

五　次の文章を読み、各問いに答えなさい。

> ゴミを減らすための取り組みを進めていく上で「3R」という考え方があります。ゴミそのものを減らすことを（　A　）、くり返し使うことを（　B　）、ゴミを資源に変え、ふたたび利用することをリサイクルといい、最近になって、いらないものはことわる（　C　）が加わり、「4R」になりました。
>
> また、①私たちが、いらなくなったテレビ、冷蔵庫、洗たく機、エアコンをゴミに出す時は、「家電リサイクル法」により、②店などが回収し、③製造元が引き取ってリサイクルする国の決まりがあります。その費用は、［あ］がはらいます。

1　文中の（　A　）、（　B　）、（　C　）に当てはまる言葉を、次の語句の中からそれぞれ選び、答えなさい。

> リソース　　リフューズ　　リユース　　リデュース

2　家電リサイクルの費用を払う［あ］に当てはまるのは誰か、文中の――線①～線③の中から選び、記号で答えなさい。

六　次の３つのグラフ①～③と資料１から、日本の林業や森林保全の課題について述べなさい。また、その際、全てのグラフ、資料に触《ふ》れ、関連させながら述べなさい。

【グラフ①】天然林と人工林の割合

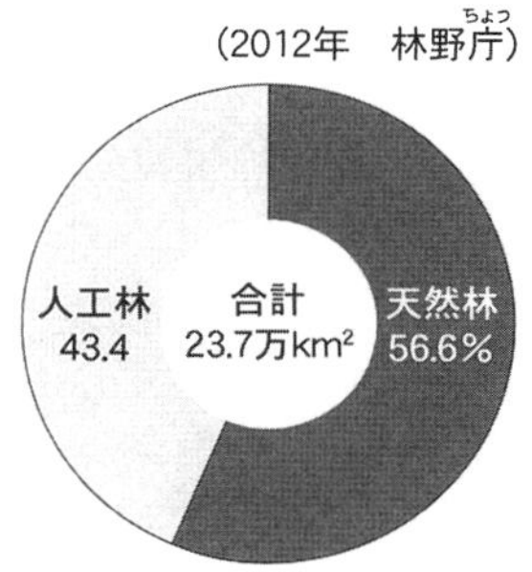

出典：教育出版　小学社会５

【グラフ②】林業で働く人の数の変化

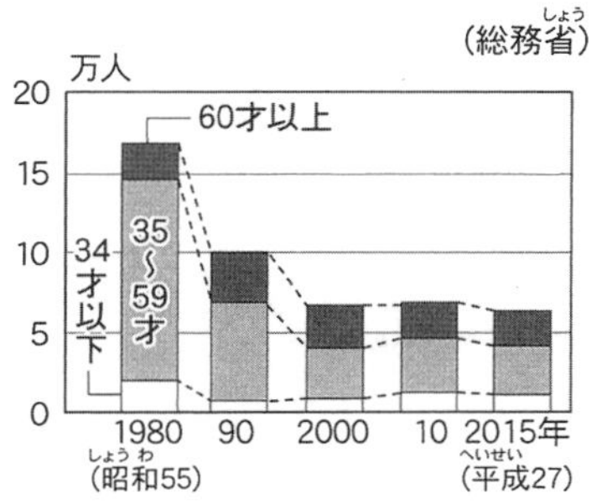

出典：教育出版　小学社会５

【グラフ③】木材の国内生産量と輸入量の移り変わり（森林林業白書）

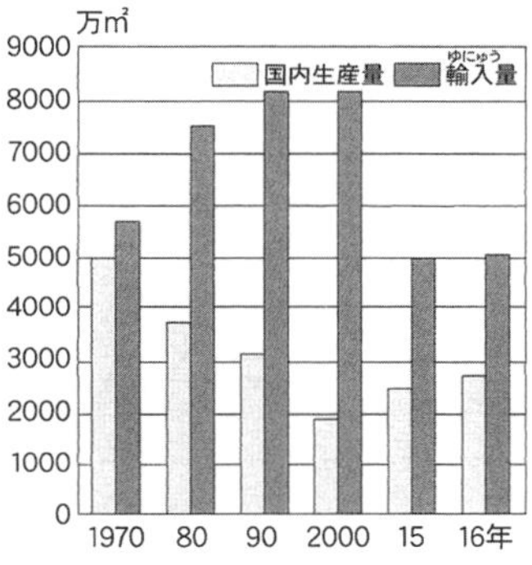

出典：教育出版　小学社会５

【資料１】

間ばつ前（上）と間ばつ後（下）の森林

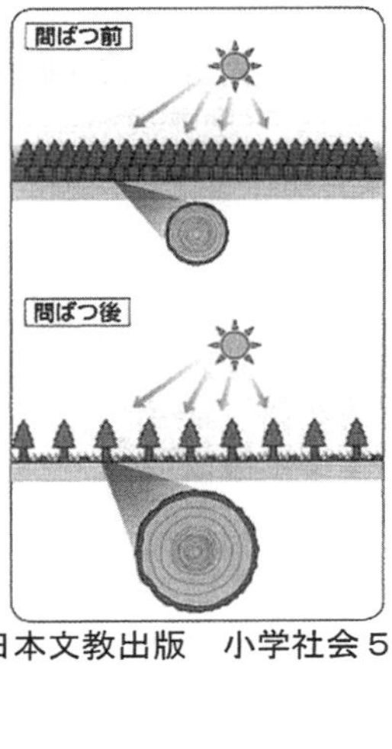

出典：日本文教出版　小学社会５年

人工林は，間ばつなどの手入れがされないと，地面まで十分に日光があたらず，下草が生えなくなります。手入れをしないままだと，土がむきだしになって，土の表面が雨水といっしょに流れてしまうため，山くずれがおきやすくなったり，水をたくわえるはたらきも弱まったりしてしまいます。そのため，何年かごとに，間ばつをする必要があります。そうすることで木が健康になり育つのです。

出典：日本文教出版　小学社会５年

与勝緑が丘中学校
開　邦　中　学　校
球　陽　中　学　校

受検番号	

令和４年度

沖縄県立中学校　適性検査Ⅰ

問　題　用　紙

（時間50分）

【注　意】

1　「始め」の合図があるまで、問題用紙を開けてはいけません。
2　問題用紙は、13ページまであります。
3　解答用紙は２枚です。
4　監督《かんとく》者の指示で
◆　問題用紙の受検番号の欄《らん》、解答用紙の受検番号と名前の欄にあなたの受検番号を書き入れること（解答用紙は２枚）。
◆　解答は、この問題用紙ではなく、解答用紙の決められた場所にていねいに記入すること。
5　印刷がはっきりしなかったり、問題用紙のページがたりなかったりする場合は、静かに手をあげてください。
6　「やめ」の合図で、すぐに鉛筆を置き、解答用紙を表にして机の上に置いてください。

＃教英出版 編集部　注
編集の都合上、解答用紙は表裏１枚にまとめてあります。

A

小学校六年生の時だった。家庭科で調理実習の時間というのがあり、「目玉焼き」を習った。五～六人のグループごとに、コンロが一つ、フライパンが一つ。ジャンケンか何かで順番を決め、一人ずつ挑戦《ちょうせん》する。残りの四～五人から見守られる中、手際《てぎわ》よく焼き上げるのはなかなか難しい。モタモタしているうちにフライパンから煙《けむり》がもうもう上がったり、白身がチリチリに焦《こ》げてしまったり……。そのたびににぎやかな笑い声。うまくいけば拍手喝采《はくしゅかっさい》。だんだん自分の番が近づいてくると、ドキドキする。

私《わたし》は、小さい時から手先がほんとうに不器用で、この日は朝から憂鬱《ゆううつ》だった。うまく焼けるだろうか、という以前の大問題――うまく割《わ》れるだろうか、という不安を胸に抱《いだ》きつつ、登校した。

すき焼きなどで生卵《なまたまご》を割るとき、私はよくぐちゃっとキミをつぶしてしまう。もちろん、すき焼きなら支障はないのだが、目玉焼きの場合はちょっとまずい。ちょっとどころか、致命的《ちめいてき》である。ぐちゃっとなったらどうしよう……それぱっかり気にしていたら、昨日は卵の夢を見てしまった。

不幸なことに私のグループは人数がやや多く、最後の私がもじもじフライパンの前に立つころには、他グループからの冷やかし組も集まってきて、すごいギャラリー[*1]になってしまった。

卵を割りそこねた子はまだいないらしいことが、さらにプレッシャー[*2]をかける。①すっかり舞《ま》いあがってしまった私。ええいとばかり卵をフライパンのふちに打ちつけ、そのままぐしゃっと握《にぎ》りつぶすような格好になってしまった。わあっと湧《わ》きあがる声。②こういう時、子どもは残酷《ざんこく》である。ピーピーと口笛を吹《ふ》く子もいれば、手を打ってはやす子もいる。その後どんな目玉焼きができあがったのか全く覚えていない。見届《みとど》ける前に私の目玉がうるんでしまっていた。

家に帰ってこの「事件」のことを母に話していると、また涙《なみだ》が出てくる。

「落ち着いてやれば何でもないことなのに、ばかね、ほら、やってごらん」

笑いながらフライパンと卵を出してくる母。うわっもう見たくもないと思いながら、一緒《いっしょ》にコンロの前に立った。おそるおそる卵をフライパンのふちにぶつける。ぺちっと殻《から》にひびが入るだけで割れなかった。ぺちっぺちっぺちっ……うーん。もどかしくなっていきなり力をこめた瞬間《しゅんかん》、ぐしゃっ――またやってしまった。流れだすキミを、絶望的な思いで見ている私に、明るく母が言う。

「さあ、おいしい炒《い》り卵を作ろう」
フライ返しを菜箸《さいばし》に持ちかえさせられて、ほら、ほら、早くかきまぜて、と急かされる。
「このへんでおしょう油を入れると、いい香りがするのよ」
できたての、ほわほわの、炒り卵。――おいしかった。負け惜《お》しみではなく、目玉焼きよりずっと。なんだか元気が出てきて、もう一度やってみようかな、と思う。
「フライパンに火をかけているとあせっちゃうから、まずお茶碗《ちゃわん》に割ってごらん」
不思議なほど、楽な気持ち。今度は、うまくいった。
「もしここで失敗したら、オムレツにしちゃえばいいの」
ありあわせのハムとミックスベジタブルを混ぜてその場で母が焼いてくれたオムレツ。これがまたおいしかった。夢のように。
思えばあれが、母と一緒に台所に立って何かを習った最初のことだった。今でも生卵を割るときは、家庭科室での光景がふっと頭をよぎる。幼《おさな》い心にうけた傷《きず》は深い。が、一方でこのできごとは、料理にキョウミを持つきっかけにもなった。卵一個で母が見せてくれた魔法《まほう》。
以来ちょこちょこ台所に入りこんでは、母の手つきを眺《なが》めるようになった。あたりまえに食べていた毎日のおかずが、新鮮《しんせん》に感じられたものである。

（俵万智「りんごの涙」文春文庫刊より一部抜粋《ばっすい》）

＊1　ギャラリー……観客。見物人。
＊2　プレッシャー……精神的に感じる重圧。

B

子どもを育てるには多大なエネルギーが要《い》る。かわいがって身の回りの世話をするだけでも大変だが、きちんと叱《しか》らなければならないからである。

ああいやな声が出ると思いつつ子を叱る＊夕餉《ゆうげ》のときにいつも　　前田康子

だいたいにおいて母親は損《そん》な役回りである。おおかたの父親は、子どもと過《す》ごす時間が少ないから、叱る機会そのものが少ない。だから、「ニンジンも食べなさいよ」「ほらほら、こぼさない！」などというこまごました指示は母親が受け持つことになる。「いいじゃないの、少しくらいこぼしたって」なんて言うのは簡単だが、それでは子どもはいつまでも不注意な食べ方をすることになる。

［　Ⅰ　］

この歌を読むと笑いを誘《さそ》われつつ、苦い思いも味わう。「いやな声」はおそらく子どもを育てなければ出なかった声である。夫と二人の生活であれば、恋人《こいびと》同士の延長で甘《あま》い声でい続けることができる。けれども、育児をある程度受け持てば、子どもを叱らなければならない。それもたいていは些細《ささい》な事柄《ことがら》についてなのだ。「どうして私《わたし》ばかりがいつも叱る役なのか」という夫への不満もあるだろうし、「母親という大変なものになってしまったのだなあ」という後戻《あともど》りできないことへの複雑な思いもあるだろう。

ふと口をついて出たような「ああ」で始まる構成、「夕餉のときに」「いつも」と［　Ⅱ　］は、作者の深い疲《つか》れとかなしみをよく表している。

（松村由利子「物語のはじまり」より一部抜粋）

＊夕餉……夕食。

○Aを読んで、あとの問いに答えなさい。

1　文章中の〰〰線の「キミ」「キョウミ」を正しい漢字に直しなさい。

2　文章中の═══線「おそるおそる」の意味として正しいものを、次から一つ選び、記号で答えなさい。

ア　よろこびながら　　イ　いらいらしながら　　ウ　びくびくしながら　　エ　わくわくしながら

3　文章中の───線①「すっかり舞いあがってしまった」とあるが、このときの「私」の様子を、そうなった理由をふくめ、文章中の言葉を使って説明しなさい。

4　文章中の――線②「こういう時、子どもは残酷である」とあるが、だれがどうすることについて「残酷」だと言っているのか。簡潔に説明しなさい。

○Bを読んで、あとの問いに答えなさい。

5　Bの短歌で使われている表現技法を次から一つ選び、記号で答えなさい。

ア　擬人法　　イ　体言止め　　ウ　倒置法　　エ　対句法

6　文章中の［Ｉ］［Ⅱ］にあてはめるのに最も適切なものを次から一つずつ選び、記号で答えなさい。

ア　叱るだけでは子どもは育たないのである。

イ　子どもは叱られて育つのである。

ウ　子どもは叱られるのを待っているのである。

エ　リズミカルではずむような口調

オ　さらさらと流れるような口調

カ　ぽつりぽつりと切れるような口調

7　「家族」というテーマで、次の条件に従って文章を書きなさい。なお読み返して文章を直したいときは、二重線で消したり、行間に書き加えたりしてもかまいません。

〈条件〉
（1）　題名や氏名は書かず、一段落で書くこと。
（2）　次の①②の二点について書くこと。
①　A・B二つの文章の内容をそれぞれ踏《ふ》まえて、思ったことや感じたことを書くこと。
②　①を通して、「家族」に対するあなたの考えを書くこと。
（3）　百五十字以上二百字以内の文章にすること。

注意点　問7を解答する際、次のことに注意すること。

① 原稿《げんこう》用紙の適切な使い方をすること。

② 漢字や仮名遣《かなづか》い、句読点などは適切に用い、文法的なきまりを守って書くこと。

③ 数字や記号を使う場合は、次のように書いてもよい。

（例）

平	成	30	年

2	0	2	1	年

30	件

4	月

17	時

二　次の文章を読んで、あとの問いに答えなさい。

　下の図を見てください。これはミュラー・リエル錯視《さくし》とよばれます。二本の横棒《よこぼう》の長さは同じなのに、上の線分[*1]のほうが短く感じられます。どちらの線分も同じなのですが、棒の左右端《はし》についた矢羽の差が錯覚《さっかく》を生んでいます。

　もしあなたが「本当は同じ長さ」であることを知らなかったとしたら、どうしてその事実に気づくことができるでしょう。あなたの脳《のう》が勝手に「違《ちが》う長さ」に感じてしまうわけで、事実を知らされなかったら、「同じ長さかもしれない」とは思いもよらないわけです。そうだとしたら、あなた個人にとってはこの二本の線分は永遠に「違う長さ」であって、それこそがあなたにとっての「真実」となるのです。「物理的な事実」がどうであるかは「個人的な真実」とは無関係です。

　これをもっと推《お》し進めてみましょう。みなさんが「同じ長さ」であることを確認《かくにん》する唯一《ゆいいつ》の手段《しゅだん》は、ものさし等で直接測定してみることです。こうして同じ長さであることをはじめて知ることができます。「違う長さ」とばかり信じていたみなさんは驚《おどろ》くべき事実としてこれを受け入れることでしょう。[*2]ヒッチコックの絵の濃淡《のうたん》がまさにそうでした。

　しかし重要なのはここからです。同じ長さであることを知ったところで、みなさんの脳に何か変化が生じたのでしょうか。同じ長さであることを知っても、みなさんの目の前の線分は、[*3]依然《いぜん》として違うままの長さに見えています。「同じ長さだ」と強く念じてみても、意識ではどうにもなりません。みなさんの脳は頑固《がんこ》で、しかも、みなさんはその脳の誤解釈《ごかいしゃく》から逃《のが》れることはできないのです。

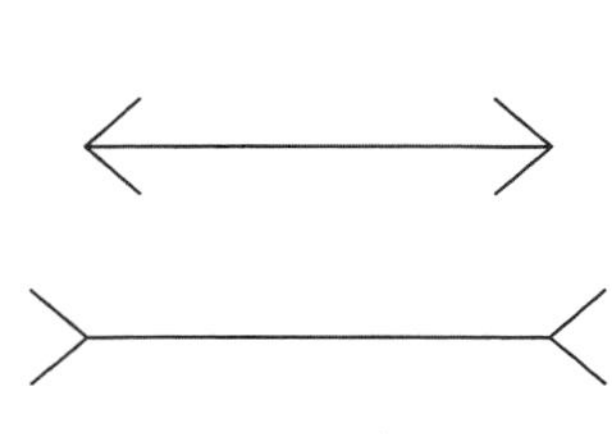

図　ミュラー・リエル錯視

しかし、おもしろい事実があります。こうして「違う長さ」に見える棒を、いざつまんでみようと指を広げてみると、なんと、指はどちらの線分についても正確に同じ幅《はば》だけ広げてつまもうとすることがわかります。これは、スロービデオで指の細かな動きを撮影《さつえい》する実験からわかった結果です。頭の中では違う長さだと判断していても、それをつまもうとのばされた指は「本当は同じだ」ということを知っているのです。体と心の*4分離《ぶんり》。意識上では疑《うたが》いようもなく「違う長さ」として解釈されていても、体のほうは正確に働いています。つまり外部世界の解釈が、意識と無意識では食い違っているのです。

そんな事実から次のことがわかります。それは「脳が光の情報を処理《しょり》する経路は一つではない」ということです。

実際、目から入った光情報は脳に送られますが、その情報は二つの脳回路に分けられます。一方では光情報は歪《ゆが》められ「異なる*5線分長」として意識の上に現れます。これが私たちの感じている「個人的な真実」です。これまでにも見てきたように、その世界は現実の世界と一致《いっち》しているとは限りません。ところが、もう一方は情報がより正確に処理され「同じ線分長」と解釈されます。ただし、これは決して私たちの意識の上に現れることはありません。ですから、私たちは意識の上では「本当は同じ長さ」であることを知ることはできません。一方、体を動かすための指令は、この無意識の情報にもとづいて実行されますから、指は意識に反した行動をとるのです。

こうして異なった回路処理が、脳の別々の場所で独立して同時に行われています。これは「並行《へいこう》処理」という独特の方式で、脳とコンピュータが決定的に異なる点でもあります。

脳には複数の回路が存在《そんざい》していて、それらが同時にさまざまな処理を行っています。ある回路では「同じ長さの線分」に、また別の回路では「異なる線分」に、いわば脳は①「*6多重人格」なのです。そして並行処理によって編み出された結果のうち、意識に上る部分はほんのわずかにすぎません。私たちの脳の大部分は無意識に働いていて、意識された世界は氷山の一角なのです。それなのに、私たちは見えているものがすべてで、それがいつでも正しいと思いこみがちです。②そんな私たちの*7性癖《せいへき》が単なる思い上がりにすぎないことは錯視の例が見事に教えてくれます。

（池谷裕二「いま、この研究がおもしろい」岩波ジュニア新書より一部抜粋）

＊1　線分……二つの点を結ぶ直線の部分。
＊2　ヒッチコックの絵……筆者が文章の前の部分で紹介《しょうかい》している「錯視」に関する図。
＊3　依然として……前と変わらず。元のまま。
＊4　分離……分かれ、離れること。
＊5　線分長……線分の長さ。

二

1	2	3	4
測定 / 処理			

1．２点×２
2．２点
3．５点
4．10点

20字　100字　200字　300字

4 次の各問いに答えなさい。

(1) 次の①～②について，適当な語句を答えなさい。

① 磁石の，鉄を引きつける力が強い部分を何といいますか。

② **図1**のように，かん電池2個をつかって豆電球を光らせるときの，かん電池のつなぎ方を何といいますか。

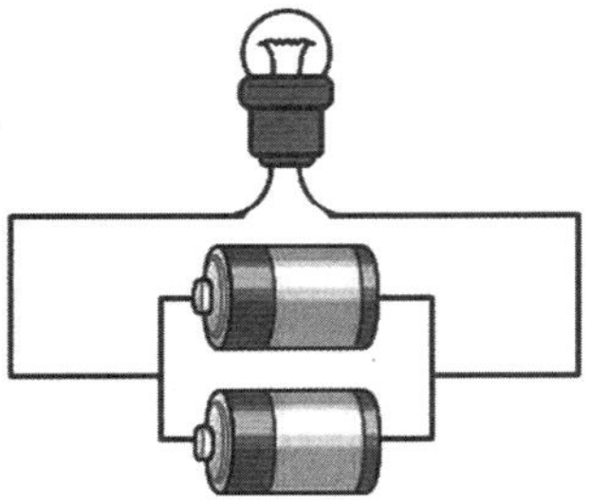

図1 かん電池2個のつなぎ方

(2) ふりこの1往復する時間を調べる実験について，次の問いに答えなさい。

① ふりこの重さを変えて実験を行う場合，複数のおもりをつるすときには，**図2**のようにすべてのおもりを糸にかけるようにしなくてはいけません。その理由を説明しなさい。

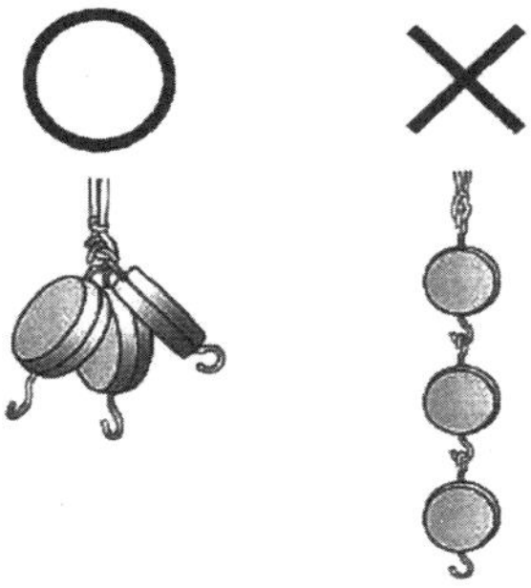

図2 複数のおもりのつるし方

② ふりこが10往復する時間を調べたところ，表1のような結果になりました。この結果から，ふりこの1往復する時間の平均を求めたところ，1.8秒であることがわかりました。**表1の〔ア〕に当てはまる3回目の結果を求めなさい。**

表1 ふりこが10往復する時間

1回目	2回目	3回目
18秒	17秒	〔ア〕

(3) 右の**図3**のような大根を，ひもでつるすことによって，大根の重心を求めることができました。この大根の重心を通るようにひもに沿って2つに切断した場合，AとBの重さを比べるとどうなりますか。（Aが重い・Bが重い・同じ）の中からひとつ選び，その理由を説明しなさい。

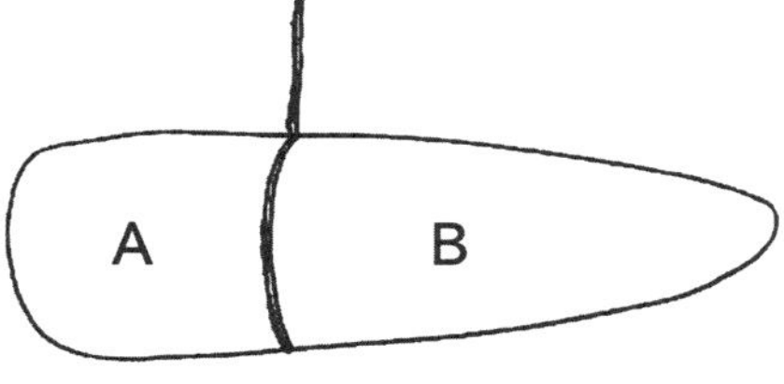

図3 ひもにつるした大根

5 次の各問いに答えなさい。

(1) 次の①～③について答えなさい。

① 下の図で，メダカのおすは**ア**と**イ**のどちらですか。記号で答えなさい。

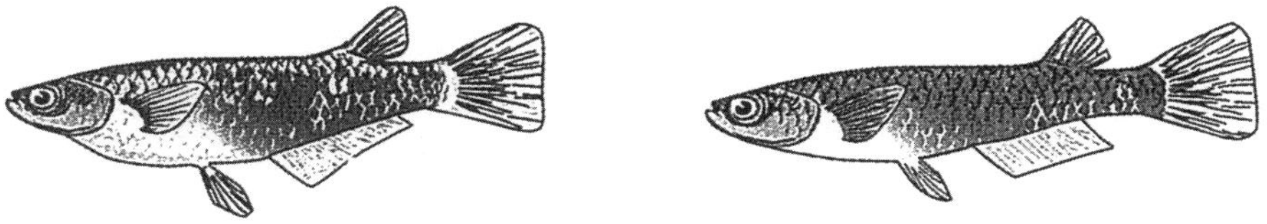

ア　　　　**イ**

② 母親の子宮の中にいる胎児の周りは（　ウ　）で満たされていて，胎児は（　エ　）と**へそのお**で母親とつながっています。ウ，エに当てはまることばを書きなさい。

③ マンゴーをビニールハウスでさいばいするとき，ビニールハウスにミツバチをはなしている農家がいます。なぜ，ミツバチをはなしているのですか。**「花粉」「めしべ」「受粉」**という言葉を使って説明しなさい。

(2) Aさんは，けんび鏡を使って，ユリの花粉の観察を行いました。**図4**は40倍で観察したときの花粉のスケッチです。花粉をさらに大きく観察するためには，けんび鏡をどのような順番で操作するとよいですか。ア～エを正しい順序で並べなさい。
ただし，観察には「ステージ上下式のけんび鏡」を使用した。

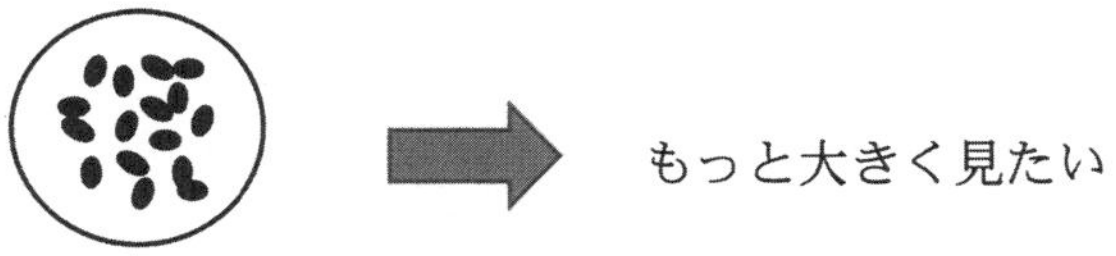

40倍
図4

ア　横から見ながら調節ねじを回し，プレパラートが対物レンズに当たらないところまで，ステージを近づける。

イ　対物レンズを高い倍りつのものにかえる。

ウ　調べたいものが真ん中に見えるように，けんび鏡をのぞきながらプレパラートをゆっくり動かして調節する。

エ　調節ねじでステージを少しずつ下げながら，はっきり見えるようにする。

(3)　Ｂさんは，学校で学習したインゲンマメの種子の発芽の実験を参考に，もやしづくりに挑《ちょう》戦《せん》しました。「もやしづくりに必要な条件」にはどのようなものがあるか，考えを述べなさい。その際，下記の学校で記録した実験メモを参考にすること。

○学校で記録した実験メモ

①実験１：水が必要かどうかを調べる

	水	空気	温度	インゲンマメの種子のようす
ア	あたえる	あり	教室の温度	発芽した。
イ	あたえない	あり	教室の温度	発芽しなかった。

②実験２：空気が必要かどうかを調べる

	空気	水	温度	インゲンマメの種子のようす
ウ	あり	あたえる	教室の温度	発芽した。
エ	なし（水に浸《ひた》す）	あたえる	教室の温度	ふくらんだが発芽しなかった。

③実験３：ほどよい温度が必要かどうかを調べる

	温度	水	空気	インゲンマメの種子のようす
オ	25℃くらい	あたえる	あり	発芽した。
カ	５℃くらい	あたえる	あり	ふくらんだが発芽しなかった。

④実験４：日光が必要かどうかを調べる

	日光	水	温度	空気	インゲンマメの種子のようす
キ	よく当てる	あたえる	教室の温度	あり	発芽した。全体的に元気
ク	当てない	あたえる	教室の温度	あり	発芽した。背は高いが弱々しい

注）『もやし』とは
　大豆などの豆類や穀物を発芽させた食品

図：『もやし』のイメージ

6　次の各問いに答えなさい。

⑴　次の①～④について，適当な語句を答えなさい。

①　木や紙が燃えるとき，空気中の酸素の一部が使われて何という気体ができますか。

②　試験管の口をせっけん水につけて，その試験管を右の図のように手でにぎると，せっけん水のまくがふくらみます。
　このことから空気はあたためられると何が変化するといえますか。

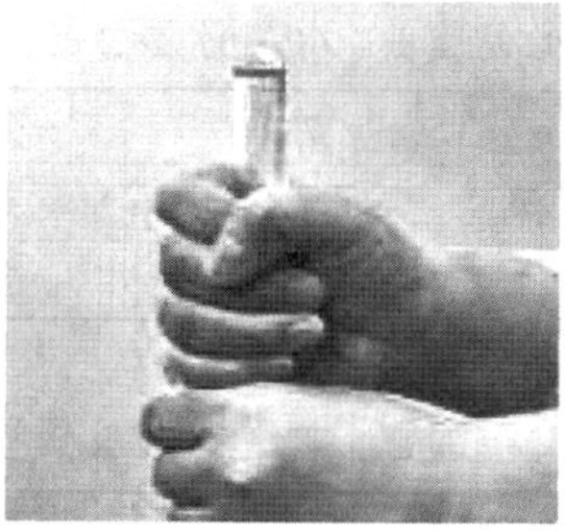

③　決まった量の水にとける物質の量は決まっています。
　より多くの物質をとかすためには，水の量をふやす以外にどのような方法がありますか。

④　100ｇは何 kg ですか。

⑵　冷やしたコップをしばらく置いておくと，コップの表面に水てきがつき始めました。なぜこのようなことがおこるのか説明しなさい。

7 次の問いについて，答えなさい。

(1) 星について，［　　　］にあてはまる言葉を答えなさい。

① 昔の人たちは，星空にある星を，いくつかのまとまりに分けて名前をつけました。このように，名前をつけた星のまとまりを［　　　］といいます。

② はくちょう座の「デネブ」，ことざの「ベガ」、わしざの「アルタイル」は1等星です。この3つの星を結んでできる三角形を［　　　］といいます。

(2) 土地について，①，②にあてはまる言葉を答えなさい。

右図のように，土地がしま模様になって見えるのは，れきや砂，どろ，火山灰などが層になって重なっているからです。

このように，層が重なり合って，広がっているものを［　①　］といいます。

この［　①　］の中からは，動物や植物のからだの一部や，あしあとなどが見つかることがあります。このようなものを［　②　］といいます。

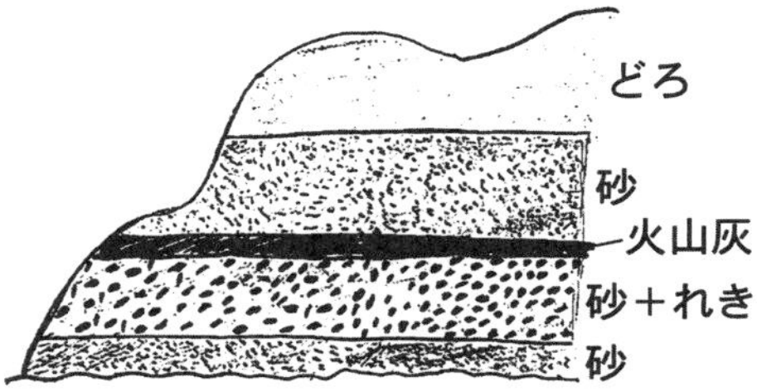

図：ある土地の様子をスケッチしたもの。

(3) 雨がふった後，校庭と砂場の様子をみてみると，校庭にはしばらくの間，水たまりができていましたが，砂場には水たまりができていませんでした。校庭と砂場で違いが見られたのはなぜでしょうか。「土のつぶ」「砂のつぶ」「水のしみこみ方」に着目して説明しなさい。

令和４年度
沖縄県立中学校

適性検査Ⅰ　解答用紙②

受検番号

名前

三						四	
1	2	3	4	5	6	1	2
大陸		下の地図に記入してください。					漢字

１．２点
２．２点
３．４点
４．２点
５．２点
６．２点

完答２点
２点
２点
２点
完答２点
２点
２点
２点
２点

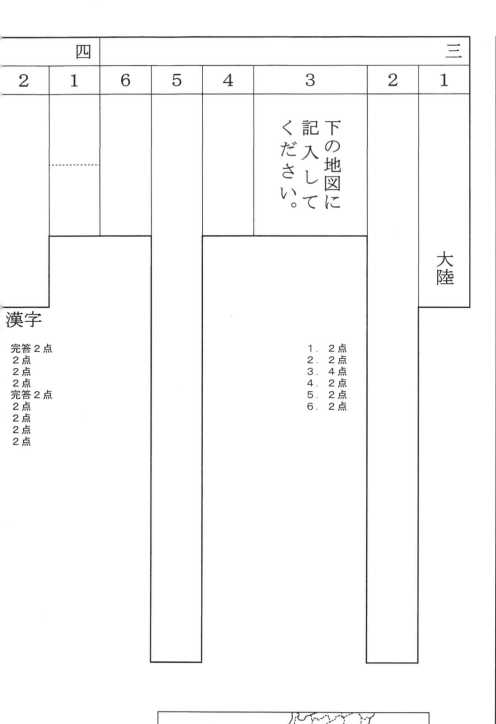

令和４年度　沖縄県立中学校 適性検査Ⅱ　解答用紙 ①	受検番号	名　　　前

1		
３点 ×８	(1)	cm
	(2)	
	(3)	
	(4)	cm^2
	(5)	
	(6)	分後
		m
	(7)	時間
2	(1)	ア　　イ

3		
(1) ３点 (2) ４点 (3) ３点 (4) ５点	(1)	cm^2
	(2)	【説明】

令和４年度　沖縄県立中学校 適性検査Ⅱ　解答用紙②	受検番号	名　　　前

4 (1) 2点×2 (2) 3点×2 (3) 選択1点 理由3点			
	(1)	①	
		②	
	(2)	①	
		②	
	(3)	（ Aが重い ・ Bが重い ・ 同じ ） 理由	

6 (1) 2点×4 (2) 3点			
	(1)	①	
		②	
		③	
		④	
	(2)		

7 (1) 2点×2 (2) 2点×2 (3) 3点			
	(1)	①	
		②	
	(2)	①	

②
1点
×2
③
3点
(2)
3点
(3)
4点

②	ウ	
	エ	
③		
(2)	→ → →	
(3)		

(3)

小計	点

合計	点

※100点満点

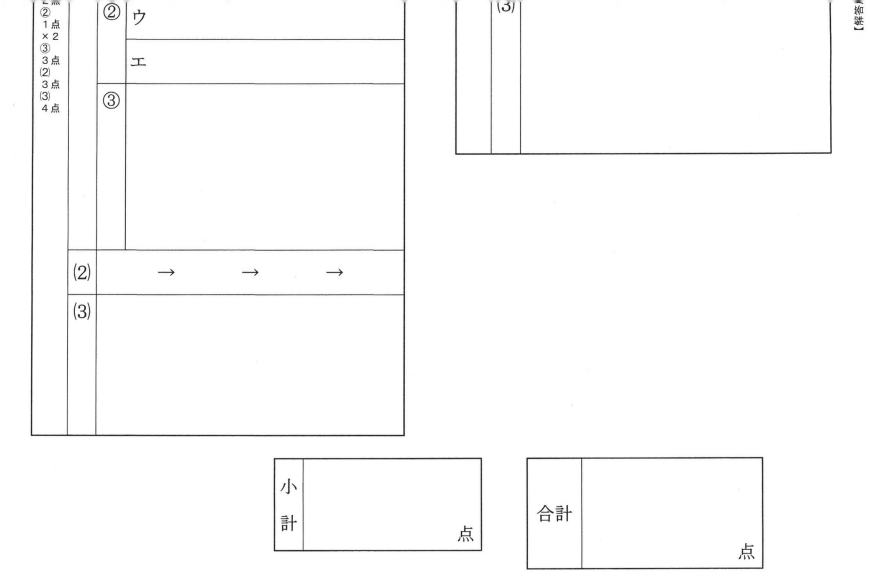

(2)
3点
(3)
5点

(3) 【花子さんの考え】

(3) 人

(4) 【説明】

小計	点

4	5	6	7	8	9

五

1	2	3	4	5
A B C			E（権） F（権） G（権）	

1．２点×３
2．２点
3．２点
4．２点×３
5．２点

小　計
点

合　計
点

※100点満点

令和４年度
沖縄県立中学校

適性検査Ⅰ　解答用紙①

受検番号

名前

一

1
キミ
キョウミ

2

3

4

5

6
Ⅰ
Ⅱ

7

20字

100字

1．２点×２
2．２点
3．４点
4．３点
5．２点
6．２点×２
7．10点

小計
点

1 次の各問いに答えなさい。

(1) たて16cm，横25cmの長方形の紙があります。
この長方形を切って，再び組み合わせて正方形にしました。１辺の長さは何cmになりますか。

(2) $\frac{3}{4}\times\frac{3}{22}-\frac{3}{5}\times\frac{3}{22}$ を計算しなさい。

(3) 下のように，1辺の長さが x cmの正方形の辺の長さを変えて，できた長方形の面積を求める式を答えなさい。

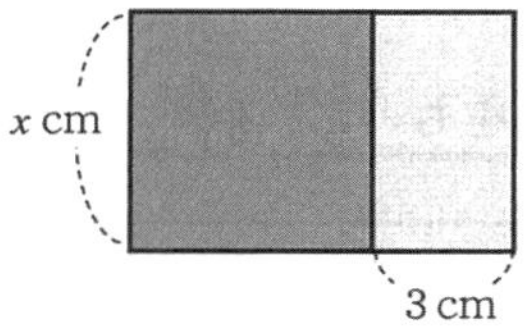

(4) 厚紙で右のAのような形をつくり，その重さをはかると36ｇでした。
同じ厚紙でつくった１辺15cmの正方形Bの重さは15ｇです。Aの面積は何㎠ですか。

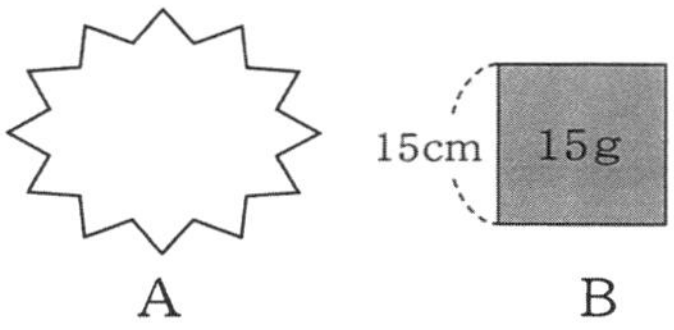

(5) 白いご石が120こあります。黒いご石が200こあります。
全体のご石に対して黒いご石の割合を小数で求めなさい。

(6) みかさんとかいさんの家は2400mはなれています。自分の家から相手の家に向けて，みかさんは分速85m，かいさんは分速65mで歩きます。
ふたりが同時に家を出発したとき，２人が出会うのは，出発してから何分後ですか。また，みかさんの家から何mのところですか。

(7) ごろうさんの家の畑を全部耕すのに父１人で耕すと６時間，ごろうさん１人では９時間かかります。
始めに，父が４時間耕し，残りをごろうさんが耕すとすると，ごろうさんが残りを耕すのにかかる時間は何時間になりますか。

2　花子さんは６年１組の代表委員です。

６年１組の35人に，学級目標がどのくらい達成していると思うか，10段階で点数をつけるアンケートを行いました。

右の図は，その結果を表したドットプロットで，下はそのデータの代表値です。

【ドットプロット】

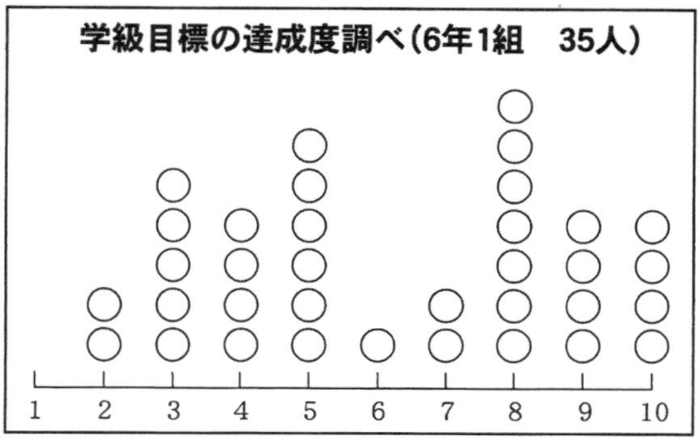

【代表値】

平均値	6.2
最ひん値	ア
中央値	イ

花子さんと太郎さんは、上の結果をもとに、以下のような会話をしています。

花子さん　「太郎さんは，アンケートで何点と答えたの？」
太郎さん　「僕は６点と答えたけど，平均値と比べると学級全体では低いほうだと思う。」
花子さん　「ドットプロットをみると，学級の半分近くの人が８点以上をつけているよ。」
太郎さん　「本当にそうかな。低い点数をつけている人も多いよ。
７点以下も，点数を区切って割合を調べてみたほうがいいよ。」

次の(1)から(3)の各問いに答えなさい。

(1)　上のデータの代表値のうち，アとイに入る値を答えなさい。

(2)　太郎さんはアンケートで６点と答えましたが、平均値以外で比較をすると学級全体の中で低いほうとはいえません。その理由をデータの代表値を使って説明しなさい。

(3)　花子さんは，太郎さんの意見を参考に，２点以上４点以下，５点以上７点以下，８点以上10点以下の３つの段階に分けて割合を求め、「学級目標は達成できている」という考えになりました。花子さんの考えを、割合を使って説明しなさい。

3　６年生の学年集会では，月に１回全学年でゲーム大会を行っています。

花子さんの学級では，的当てゲームを準備しています。

次の(1)から(4)の各問いに答えなさい。

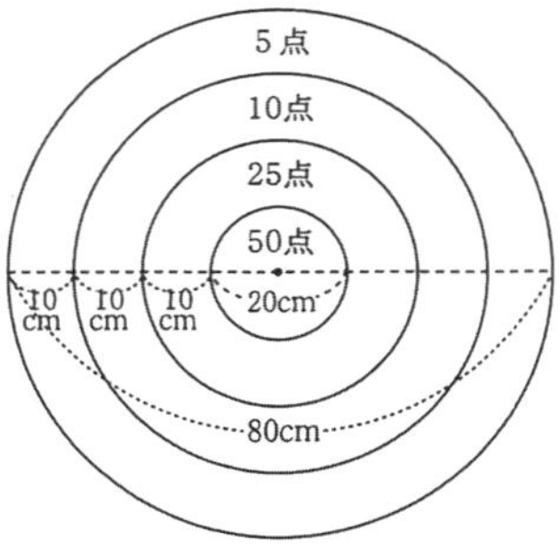

(1)　的の大きさは，右のような円にして，この円を中心から10cmずつ区切っていきます。この円全体の面積を求めなさい。ただし，円周率は3.14とします。

(2)　花子さんは，25点の部分の面積が，50点の部分の面積の何倍になるかを考えて，次のように説明しました。

【花子さんの説明】

50点の部分の面積

$10 \times 10 \times 3.14 = 100 \times 3.14$

25点の部分の面積

$20 \times 20 \times 3.14 - 10 \times 10 \times 3.14 = (400 - 100) \times 3.14$

$= 300 \times 3.14$

このことから、(25点の面積)÷(50点の面積)＝$(300 \times 3.14) \div (100 \times 3.14)$ を計算すればよい。

わられる数とわる数を3.14でわっても商は変わらないので，

$(300 \times 3.14) \div (100 \times 3.14) = 300 \div 100 = 3$

よって，25点の部分の面積は50点の面積の部分の３倍になる。

そこで，花子さんの説明を参考に，10点部分の面積が，50点の部分の面積の何倍になるかを説明しなさい。

(3)　花子さんは，的当てゲームの景品に，折り紙で右のようなメダルを作ろうと思っています。メダルは全部で120個作ります。メダルを１個作るのに５分かかるとします。
　休み時間の20分で作り終えるには，何人でつくればよいか答えなさい。

(4)　(3)で作ったメダル５個の重さをはかったら，30ｇでした。
　今できているメダルを全部まとめて，200ｇの箱に入れてはかったら872ｇでした。
　メダルは何個できたと考えられるでしょうか。どのメダルもすべて同じ重さと考えて，求め方を言葉や式などを使って説明しなさい。

受検番号	

令和４年度

沖縄県立中学校　適性検査Ⅱ

問　題　用　紙

（時間50分）

【注　意】

1　「始め」の合図があるまで、問題用紙を開けてはいけません。
2　問題用紙は、９ページまであります。
3　解答用紙は２枚です。
4　監督《かんとく》者の指示で
◆　問題用紙の受検番号の欄《らん》、解答用紙の受検番号と名前の欄にあなたの受検番号を書き入れること（解答用紙は２枚）。
◆　解答は、この問題用紙ではなく、解答用紙の決められた場所にていねいに記入すること。
5　印刷がはっきりしなかったり、問題用紙のページがたりなかったりする場合は、静かに手をあげてください。
6　「やめ」の合図で、すぐに鉛筆を置き、解答用紙を表にして机の上に置いてください。

＃教英出版 編集部　注
編集の都合上、解答用紙は表裏１枚にまとめてあります。

＊６　多重人格……一人の人間の中に複数の別々の人格が存在するように見える状態。
＊７　性癖……行動や考えにあらわれるかたより。くせ。

１　文章中の～～～線「測定」「処理」をひらがなに直しなさい。

２　文章中の═══線「細かな」が修飾している語を文章中から書きぬきなさい。

３　文章中の───線①「脳は『多重人格』なのです」とあるが、どういうことか。「外部世界」「回路」「解釈」という言葉を使って説明しなさい。ただし、三つの言葉はどんな順番で使ってもかまいません。

４　文章中の───線②「そんな私たちの性癖が単なる思い上がりにすぎない」とあるが、この部分を読んで、あなたが考えたことを次の条件に従って書きなさい。なお、読み返して文章を直したいときは、二重線で消したり、行間に書き加えたりしてもかまいません。

〈条件〉
（１）題名や氏名は書かず、二段落で書くこと。
（２）第一段落には、───線②などから読み取れる筆者の考えを、筆者がそう考える理由とあわせて書くこと。
（３）第二段落には、第一段落で書いたことをふまえて、あなたが考えたことを書くこと。
（４）二百字以上三百字以内の文章にすること。

注意点　問４を解答する際、次のことに注意すること。
①　原稿《げんこう》用紙の適切な使い方をすること。
②　漢字や仮名遣《かなづか》い、句読点などは適切に用い、文法的なきまりを守って書くこと。
③　数字や記号を使う場合は、次のように書いてもよい。

（例）　平｜成｜30｜年　　2｜0｜2｜1｜年　　30｜件　　4｜月　　17｜時

三　桜子さんは、東京オリンピックがきっかけで関心をもったある国の小学生の友達Ａさんに、日本の国を紹介しようとメールを作成しました。そのメールの内容をみて、各問いに答えなさい。

【桜子さんがＡさんへ送ったメール】

Ａさんへ

日本は、寒い日が続いていますが、そちらの国はどうですか？

今日は、私が住んでいる日本を紹介します。

日本は、北半球に位置して、まわりを太平洋や日本海などに囲まれている島国です。日本から西の方向へ行くと、最初に通過するのは［　①　］大陸です。

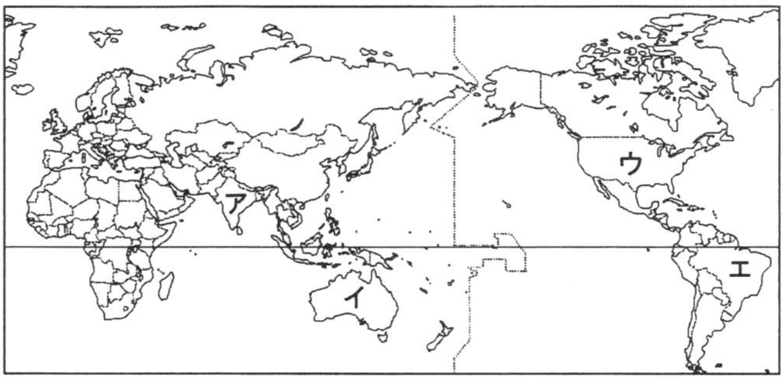

②日本は地域によって気候の特徴にちがいがあります。日本では、地形や気候などの自然条件を生かして、各地でさまざまな食料生産がおこなわれています。ちなみに、私はゴーヤーが大好きです。りんごや③みかんなど日本産の果物も、とてもおいしいです。また、日本では④お米がたくさん作られています。

Ａさんの国では、どんな食料が生産されているのですか。日本とほぼ同じ経度に位置していますが、日本と似たところもあるのでしょうか？今度、Ａさんの国について教えてください。

桜子より

1　メール中の「　①　」に入る大陸名を答えなさい。

2　メール中の下線②について、日本は下の【資料１】のように地域によって気候の特徴にちがいがある。次の語句の中の一つを使って、どのようなちがいがでるのか説明しなさい。二つの語句のうち、どの語句を使って説明してもかまいません。

語句	
季節風	南北

3　メール中の下線③について、桜子さんは社会科の授業で、みかんの生産がさかんな地域はどのような地域かを調べるために、みかんの生産量の多い都道府県を調べ、地図にあらわすことにしました。その調べた結果が下の表です。表をもとに、静岡県にならって、和歌山県と愛媛県のデータを地図にあらわしなさい。（解答用紙に記入すること）

表　都道府県別みかんの生産量（2016）

和歌山県	愛媛県	静岡県
16万ｔ	13万ｔ	12万ｔ

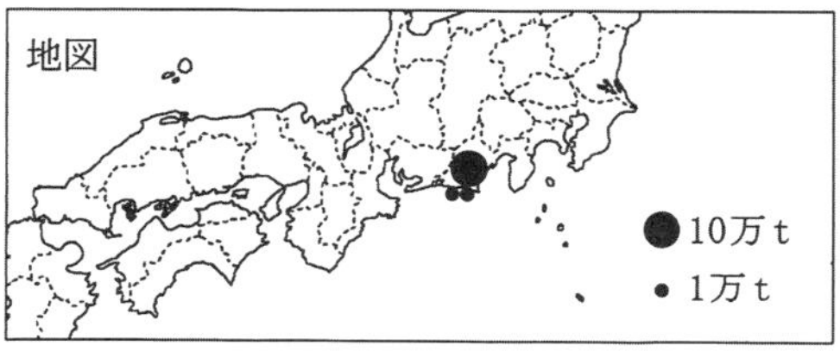

【資料１】　出典：教育出版株式会社　小学社会５

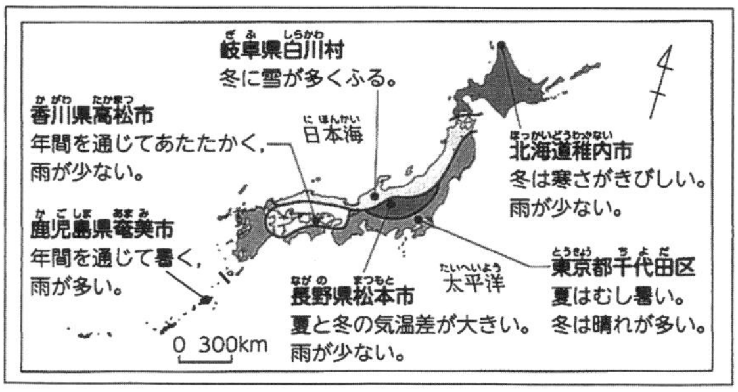

【資料２】米の消費量と生産量の変化

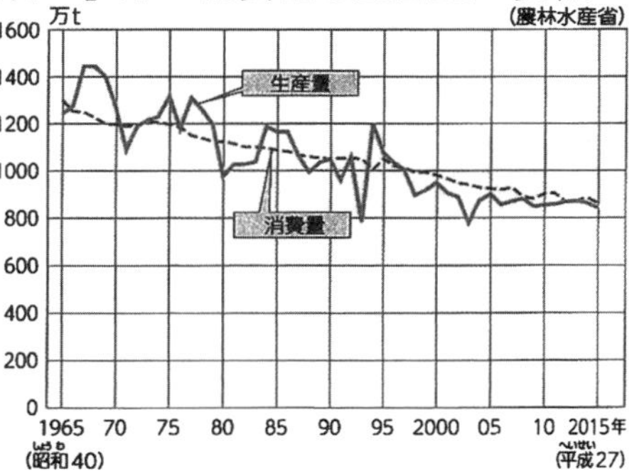

【資料３】米作りの作業時間の変化

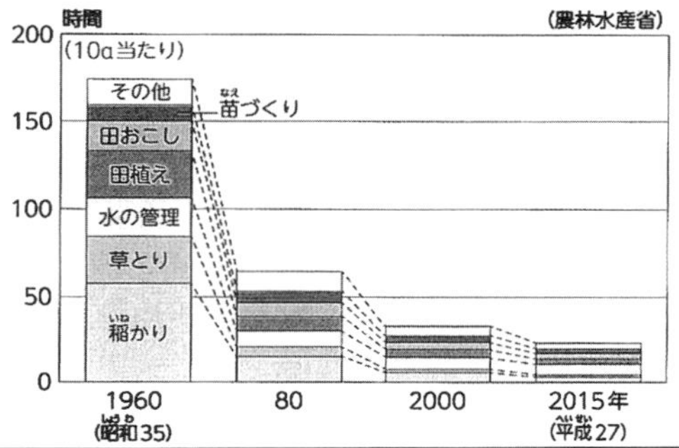

【資料４】主な農業機械の広まり

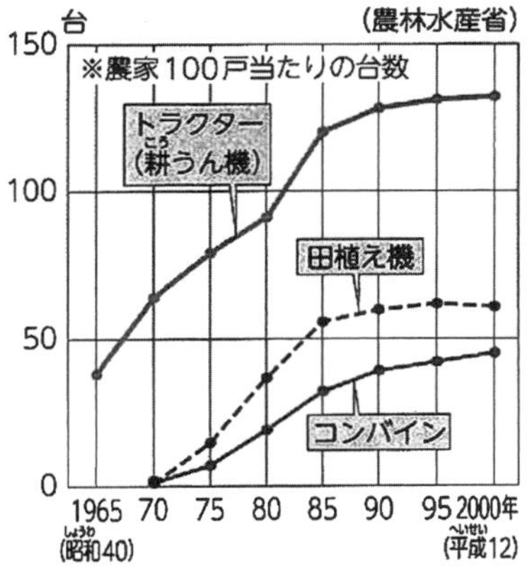

出典：教育出版株式会社　小学社会５

４　メール中の下線④について、上の【資料２～４】は日本の米づくりに関する資料である。【資料２～４】からいえることとして最も適当なものをア～エから一つ選び、記号で答えなさい。

ア　日本の米の生産量は、毎年多少の変動はあるが、消費量とともに１９６５年から全体として減ってきている。

イ　日本の米の生産量が減ってきているので、米作りにかかる作業時間も大幅に減少している。

ウ　２０００年現在、日本全体で１００台以上のトラクターをもっているが、コンバインは50台以下しか持っていない。

エ　１９６５年以降、米の消費量が年々減ってきたのと同時に、農業機械の台数も年々減少してきた。

５　メール中の～～線部「食料生産」に関連して、近年では国内の食料生産を発展させる取り組みの一つとして「地産地消」の取り組みが各地で進められている。「地産地消」とはどのような取り組みか。説明しなさい。

６　桜子さんの友達Ａさんの国は、どこでしょうか。メールの内容を参考に、メール中の地図のア～エから適当な国を一つ選び、記号で答えなさい。

四　桃子さんと真之介さんは、社会科の授業で学んだことをいかして、「歴史上の人物カルタ」の作成に取り組んでいます。【カードA】から【カードD】は、その一部です。カードのA～Dは、年代の古い順に並んでいます。各問いに答えなさい。

【カードA】

ふ

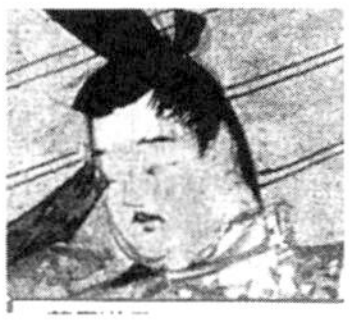

人物名
藤原道長《ふじわらのみちなが》

・むすめを天皇のきさきにして天皇とのつながりを強めて力をのばした
・天皇に代わって政治を動かすほどの権力をもった

【カードB】

人物名
［　X　］

・平氏を①壇ノ浦《だんのうら》の戦いで滅《ほろ》ぼし、Xは鎌倉に幕府を開く
・幕府と御家人《ごけにん》は②「ご恩と奉公《ほうこう》」の関係で結ばれる

【カードC】

お

人物名
織田信長《おだのぶなが》

Y

【カードD】

と

人物名
豊臣秀吉《とよとみひでよし》

・信長の死後、明智光秀《あけちみつひで》をたおし、信長の政治を引き継いで支配力を強める
・検地と刀狩《かたながり》をおこなう
・２度にわたり［　Z　］に大軍を送る

1　【カードA】の人物が活躍《かつやく》した時代の文化を説明した文章として適当なものをア～エから二つ選び、記号で答えなさい。
ア　たたみや障子、ふすまなどを使った書院造とよばれる日本独自の建築様式が広がった。
イ　大陸の文化をもとにしながらも、風土や生活に合った日本ふうの文化がうまれた。
ウ　朝廷に仕える女性たちの中から「源氏物語」や「枕草子」などの作品がうまれた。
エ　中国から伝わった水墨画《すいぼくが》の技法は、雪舟《せっしゅう》により大成され、すぐれた作品が多く生み出された。

2　【カードB】の［　X　］に入る人物名を漢字で答えなさい。

3　【カードB】の下線①について、その戦いがおこなわれた場所を下の地図のア～エから一つ選び、記号で答えなさい。

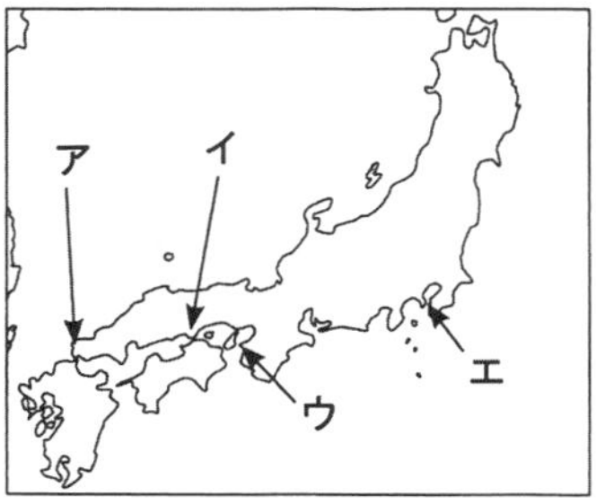

4　【カードB】の下線②の関係とは、どのような関係ですか。次の語句をすべて使って説明しなさい。

使う語句　｜戦いが起これば　幕府　御家人　領地｜

5　【カードC】の人物の説明 Y に入る文として、適当なものをア～エから二つ選び、記号で答えなさい。

ア　長篠《ながしの》の戦いなどで鉄砲《てっぽう》を効果的に使い勝利し、急速に領地を拡大していった。

イ　駿河《するが》の今川義元《いまがわよしもと》などの有力大名を倒し、室町幕府を滅ぼした後、天下統一を果たした。

ウ　安土城の城下町では、商人たちが誰でも自由に営業することを認めたり、関所を設置するなどして商業や工業をさかんにした。

エ　キリスト教を保護して、教会や学校を建てることを認めた。

6　【カードD】の下線「検地と刀狩」をおこなうことで、社会がどのように変化したといえるか。下の資料1と資料2を参考に、次の語句をすべて使って説明しなさい。

使う語句　| 武士　百姓《ひゃくしょう》　身分 |

【資料1】検地のようす

出典：教育出版株式会社　小学社会6

【資料2】秀吉が出した刀狩令（一部）

一、百姓が、刀・弓・やり・鉄砲などの武器を持つことを禁止する。武器をたくわえ、年貢《ねんぐ》を納めず、一揆《いっき》をくわだてる者は罰《ばっ》する。

7　【カードD】の「 Z 」に入る国名を答えなさい。

8　桃子さんは4枚のカードをみて、【カードA】のグループと【カードB、C、D】のグループの2つのグループに分けることができるのではないかと考えました。桃子さんは、どのような視点でグループ分けをしたのか。適当なものをア～エから一つ選び、記号で答えなさい。

ア　キリスト教が伝わる前のグループと伝わったあとのグループ

イ　豪族《ごうぞく》が力を持っていた時代のグループと天皇中心の政治が確立された時代のグループ

ウ　戦国の世が統一されていない頃のグループと統一されたあとのグループ

エ　有力な貴族が政治を動かしていたグループと武士による政治がおこなわれていたグループ

9　真之介さんは、人物名「足利義満《あしかがよしみつ》」のカードをつくりたいと考えています。すべてのカードを年代の古い順に並べるとき、「足利義満」のカードは、どこに並びますか。適当なものをア～エから一つ選び、記号で答えなさい。

ア　【カードA】の前

イ　【カードA】と【カードB】の間

ウ　【カードB】と【カードC】の間

エ　【カードC】と【カードD】の間

五　次の文章を読み、各問いに答えなさい。

人々の間で（　A　）や（　B　）が起きたり、事故に巻き込まれたりすることがあります。

裁判所は、このようなときに、（　C　）や憲法に基づいて判断し問題を解決するのです。

二〇〇九年（平成二十一）年からは、裁判員制度（D）が始まりました。

1　文中の（　A　）、（　B　）、（　C　）に当てはまる言葉を、次の語句の中からそれぞれ選び、答えなさい。

語句　法律　選挙の結果　争いごと　犯罪　貧困　疫病《えきびょう》　内閣総理大臣の意見

2　文中の――線Dについて、「裁判員制度」とは何か。説明しなさい。

3　裁判所の判決に納得できない場合には、同じ事件について何回まで裁判を受けることができますか。回数を答えなさい。

資料　**三権分立のしくみ**

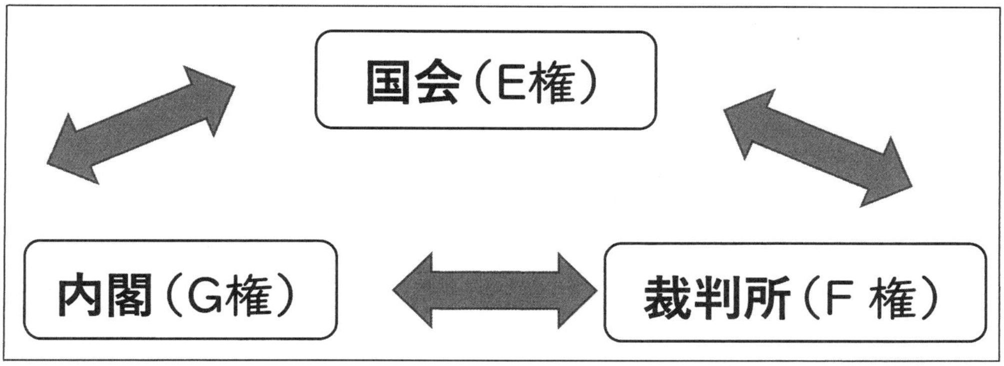

4　上記の資料は、三権分立のしくみを示しています。（E）（F）（G）に当てはまる言葉を答えなさい。

5　三権分立の目的について、説明しなさい。

与勝緑が丘中学校
開　邦　中　学　校
球　陽　中　学　校

受検番号	

令和３年度

沖縄県立中学校　適性検査Ⅰ

問　題　用　紙

（時間50分）

【注　意】

１　「始め」の合図があるまで、問題用紙を開けてはいけません。
２　問題用紙は、19ページまであります。
３　解答用紙は♯２枚です。
４　「始め」の合図で
◆　問題用紙の受検番号の欄《らん》、解答用紙の受検番号と名前の欄にあなたの受検番号と名前を書き入れること（解答用紙は２枚）。
◆　解答は、この問題用紙ではなく、解答用紙の決められた場所にていねいに記入すること。
５　印刷がはっきりしなかったり、問題用紙のページがたりなかったりする場合は、静かに手をあげてください。
６　「やめ」の合図で、すぐに鉛筆を置き、解答用紙を表にして机の上に置いてください。

♯教英出版 編集部　注
編集の都合上、解答用紙は表裏１枚にまとめてあります。

一　ある日の授業で先生から「日野原重明《ひのはらしげあき》さん（一九一一～二〇一七）」の話を聞きました。次のA【先生が紹介してくれた文章】、B【先生が紹介してくれた詩】は、その時の授業で使用したものです。それらを読んで、あとの問いに答えなさい。

[先生]　日野原重明さんは、百歳《さい》を超えても現役の医師として医療《いりょう》に携《たずさ》わりながら、講演や執筆《しっぴつ》などの活動を行っていました。また、全国各地の小学校を訪れ、子どもたちに命の大切さを教える「いのちの授業」という活動にも精力的に取り組んでいた方です。今日は、その取り組みについて書かれている文章を紹介します。

A【先生が紹介してくれた文章】

子どもへの「いのち」の授業を重ねてきて、私が今感じることは、子どもというものは、教え方ひとつで授業に集中できるかどうかがまったく変わってくるということです。

学校では、国語や算数、社会、理科の授業中は、その教科だけを集中して教えます。それも、ほとんどの場合は先生が教壇《きょうだん》に立って授業時間中ずっと説明をする形をとるので、集中力の弱い子どもは、隣《となり》の子どもと私語を交わしたりして、教師の言葉に集中する姿勢が乱れてしまいます。

そこで私は、①教室に入るとき、生徒が好んで歌う唱歌や童謡《どうよう》の伴奏《ばんそう》とともに生徒の席の間に入っていき、タクト※1を振《ふ》ります。

[a]、その学校の校歌の楽譜《がくふ》に事前に目を通させてもらい、教室に入るなり、②校歌を指揮することもあります。2節か3節かを繰《く》り返す※2リフレインがあるかどうかを聞いておくと、終止のタクトがきちんと振れます。子どもたちは、どうして私が自分たちの校歌を知っているのか、不思議に思うようです。そう思っている間に、今度は私が、生徒がふだんあまり注意を払《はら》わないような歌詞のどこかの言葉を抜き取って、その言葉の意味をじっくりと説明します。これで、子どもたちは私に興味を持ってくれ、私の話によく（　d　）てくれます。

校長先生か担任の先生が私を紹介してくださったあとは、前述《ぜんじゅつ》したように、持参した聴診器《ちょうしんき》を子どもたちに渡し、聴診器の先を左の乳頭《にゅうとう》のあたりに置くように教え、心音《しんおん》を聴《き》かせます。すると、子どもたちは目を輝《かがや》かせます。心臓ってこんな音がするんだ……はじめての体験に興奮するのです。

[b]、「小さい動物、たとえばネズミやウサギや生まれたばかりの赤ちゃんの心臓の拍動《はくどう》は、君たちの心拍数《しんぱくすう》より速く打って

いるんだよ」ということを教えます。「家に帰ったら、おうちの方の胸にそっと片耳をあててごらん。すると、聴診器をあてたときよりも、もっと心音をじかに聞くことができますよ。また、肺の上に耳をあてると、呼吸音がザアザアとよく聞こえますよ。おうちに帰ったら、それを確かめてみてください」と話します。

「いのちの授業」といっても、理科の知識だけに話題を限るようなことは、私はしません。学科を超えて、国語あり、音楽あり、社会ありの話を織り込みます。子どもに物事を教えるには、多方面のことを取り上げ、使う言葉の説明をする、それが私流《わたしりゅう》の授業です。

次に、私の年齢《ねんれい》の話をします。[c]、黒板いっぱいに1本の線を引き、線の右端《みぎはし》に矢印をつけ、「96歳」と書きます。私が今の年齢に③至るまでにどんな体験をしたかを語ります。「いのち」についてのテーマで話すとき、いのちを風や空気と比較《ひかく》したりし、理科の話や用いる漢字の④コウゾウを説明したり、特にその言葉を歌詞に持つ歌の一節を歌ったりします。子どもたちは家に帰って、私から得た知識を自分が考案したかのように大人に語ります。「これ知っている？」などと質問をし、答えられない大人に対して、子どもが解説するようです。

大人が知らないことを、子どもの自分たちが説明できるということが、子どもたちの⑤心にさわやかな刺激《しげき》を与えるのです。

授業の終わりにも、私はみんなのよく知っている歌をいっしょに歌うようにします。いっしょに歌うと、気持ちが一体化し、授業の内容もしっかりとこころにとどめてくれるようになります。

そこで、私が「いのちの授業」の最後によく歌うのは『シャボン玉』。みなさんは、どんな内容の歌詞だと思いますか？大人の方は、歌そのものは知っていても、その歌詞の意味を知る人は少ないようです。

これは、※3野口雨情《のぐちうじょう》という詩人が、生まれたばかりの女児を病気で⑥ウシナッタときに書いた言葉です。壊《こわ》れたいのちを悲しみ、いのちが壊されないようにと祈る言葉です。シャボン玉をつぶさないでください、空高く飛ばそう。『シャボン玉』を、いのちを愛する歌として、また子どもたちに生きることとは何かの問いかけを与える歌として、歌ってほしいと願っています。

（日野原重明『いま伝えたい　大切なこと　―いのち・時・平和―』ＮＨＫ出版　一部抜粋《ばっすい》）

※1　タクト　…オーケストラや合唱などで指揮に使う棒。
※2　リフレイン　…ここでは、メロディーや歌詞を繰り返すこと。
※3　野口雨情　…明治から昭和の詩人、童謡・民謡作詞家。代表作は「シャボン玉」「赤い靴」「七つの子」など。

先生　日野原さんが取り組んでいた「いのちの授業」には、子どもたちへ向けたいろんな思いが込《こ》められていましたね。
では、最後に詩を一編《いっぺん》紹介します。

B【先生が紹介してくれた詩】

自分の番
いのちのバトン

父と母で二人
父と母の両親で四人
そのまた両親で八人
こうしてかぞえてゆくと
十代前で千二十四人
二十代前では―？
なんと百万人を越すんです

過去無量の
いのちのバトンを受けついで
いま　ここに
自分の番を生きている
それが
あなたのいのちです
それが　わたしの
いのちです

みつを

（相田みつを「自分の番　いのちのバトン」より）

A【先生が紹介してくれた文章】を読んで、あとの問いに答えなさい。

1　文章中の――線①「私は、教室に入る」を、「先生が」が主語になるように書き直し、尊敬語を用いて答えなさい。

2　文章中の［a］から［c］に入る語の組み合わせとして正しいものを、次のアからエの中から一つ選び、記号で答えなさい。

ア　［a そして　b だから　c そこで］
イ　［a まず　b そこで　c あるいは］
ウ　［a そこで　b また　c だから］
エ　［a あるいは　b そして　c まず］

3　文章中の――線②「校歌」と同じ熟語の組み立ての漢字を、次のアからエの中から一つ選び、記号で答えなさい。

ア　終止　イ　左右　ウ　投票　エ　初雪

4　文章中の（　d　）には「聞こうとする」という意味の慣用句が入ります。前後の文章にあうように形を直して答えなさい。

5　文章中の――線③「至る」の読みをひらがなで答えなさい。また、――線④「コウゾウ」⑥「ウシナッタ」のカタカナを正しい漢字に直して答えなさい。ただし、送り仮名はひらがなで答えなさい。

6　文章中の――線⑤「心に」が修飾している語を、文章中より抜き出して答えなさい。

7　本文の内容に合うものとして、最も適当なものを、次のアからエの中から一つ選び、記号で答えなさい。

ア「いのちの授業」を行ってきて私（日野原）が感じるのは、子どもが集中して授業に取り組むためには、一つの教科に注目させて、興味を引くことが大切だということだ。

イ　私（日野原）に子どもたちが興味を持ってもらうために、授業を行う前にあらかじめ学校の校歌などに目を通し、その歌詞の意味などについて考えておくことも必要である。

ウ　子どもに物事を教えるためには、国語や音楽や社会という学科を超えて、多方面のことを取り上げながら、そこで使う言葉について、教師が一方的に説明することが大切である。

エ　大人が知らないことを、子どもたちが解説できることが「いのちの授業」で最も必要なことであり、子どもが考案したことを聞くことで、大人も刺激《しげき》を受けることになる。

8　B【先生が紹介してくれた詩】を読んで、あとの問いに答えなさい。

(1)　詩中の「いのちのバトン」という言葉は、どんなことを表していると考えられますか。「過去」という言葉を必ず用いて、主語を明らかにして、二十五字程度でまとめて答えなさい。なお、文末は「――を表している。」につながる形で答えなさい。

(2)　「生きることとは何か」というテーマで、次の条件に従って文章を書きなさい。なお、読み返して文章を直したいときは、二重線で消したり、行間に書き加えたりしてもかまいません。

〈条件〉

（1）　題名や氏名は書かず、一段落で書くこと。

（2）　次の①②の二点について書くこと。

①　A【先生が紹介してくれた文章】、B【先生が紹介してくれた詩】の内容をそれぞれ踏《ふ》まえて、思ったことや感じたことを書くこと。

②　①を通して、「生きることとは何か」に対するあなたの考えを書くこと。

（3）　百五十字以上二百字以内の文章にすること。

注意点　問8(2)を解答する際、次のことに注意すること。

①　原稿《げんこう》用紙の適切な使い方をすること。

②　漢字や仮名遣《かなづか》い、句読点などは適切に用い、文法的なきまりを守って書くこと。

③　数字や記号を使う場合は、次のように書いてもよい。

（例）

平成30年	2020年	30件	4月	17時

二　次のA【プラスチックが小さくなることで起きる問題】、B【マイクロプラスチックはなぜ有害なのか】の二つの文章を読んで、あとのそれぞれの問いに答えなさい。（文章中の 1 から 6 は段落番号を示す）

A【プラスチックが小さくなることで起きる問題】

著作権に関係する弊社の都合により
本文は省略いたします。

教英出版編集部

（『プラスチック・スープの地球』ミヒル・ロスカム・アビングより一部抜粋）

※1　ナノプラスチック　…マイクロプラスチックがさらに細分化されたもの。
※2　プラスチックスープ…地球の海や土壌《どじょう》、空気までもがプラスチックに覆《おお》いつくされて引き起こる環境問題。

B【マイクロプラスチックはなぜ有害なのか】

（千葉商科大学webページ『MIRAI Times』より一部抜粋）

※1　摂食障害　…ここでは、海の生物がプラスチックを誤《あやま》って食べたことによる傷やケガ、消化できずにおこる栄養失調などを指す。
※2　蓄積　…重なり積もること、たまること。
※3　懸念　…気になって心から離れないこと。気がかり。心配すること。
※4　免疫力　…細菌やウイルスなどの病原体から体を守る防衛《ぼうえい》能力のこと。
※5　環境ホルモン　…生物の体に取り込まれると、ホルモンに似た働きをする化学物質のこと。
※6　生殖　…生物が自らと同じ種に属《ぞく》する個体をつくること。

1　A【プラスチックが小さくなることで起きる問題】ではプラスチックの起こす問題について書かれていますが、なぜ、そのような問題が起こると述べられていますか。その理由を文章中の言葉を用いて、五十字程度でまとめて答えなさい。

2　［A］には同じ言葉が入ります。適切なものを次のアからエの中から一つ選び、記号で答えなさい。

ア　さて　　イ　たとえば　　ウ　だから　　エ　そのうえ

3　下記の図はプラスチックが、様々な影響を受けて小さくなる工程を表しています。下の図の［a］から［c］のそれぞれの空らんにあてはまる言葉を形式段落［3］から［5］の言葉を用いて、指定された文字数で答えなさい。

4　B【マイクロプラスチックはなぜ有害なのか】の――線「これ」が指す内容を文章中より三十字以内で探して、その最初の四字を抜き出して答えなさい。

5　A【プラスチックが小さくなることで起きる問題】、B【マイクロプラスチックはなぜ有害なのか】を読んで、その内容として**適切でないもの**を、次のアからエの中から一つ選び、記号で答えなさい。

ア　プラスチックのほとんどは、自然の中で様々な影響を受け、生物によって分解されていく。

イ　プラスチックは、小さくくだけたマイクロプラスチックになると回収も困難である。

ウ　マイクロプラスチックは有害物質を取り込み、食物連鎖《しょくもつれんさ》を通じて、人間にまで影響を与える可能性がある。

エ　マイクロプラスチックは人間の生活する際に流される水から生まれることもある。

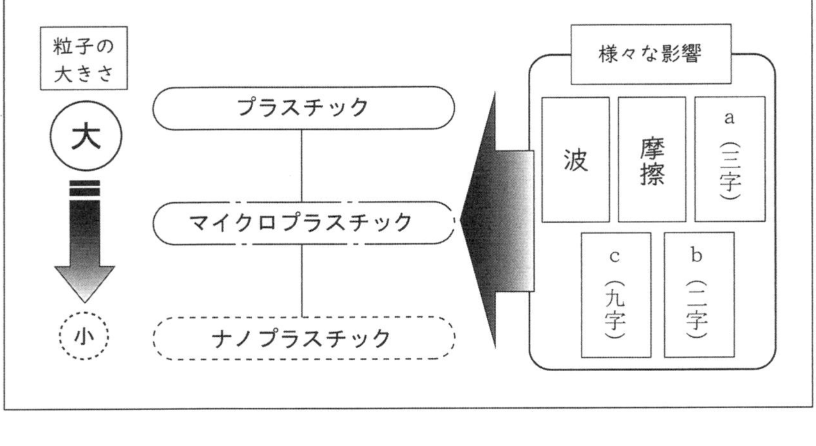

6　プラスチックゴミを減らしていくために、私たちはどのように対処すればよいと思いますか。次の条件に従って、あなたの考えを書きなさい。なお、読み返して文章を直したいときは、二重線で消したり、行間に書き加えたりしてもかまいません。

〈条件〉

（1）題名や氏名は書かず、二段落で書くこと。

（2）第一段落には日常生活の中で、あなたが見聞きしたプラスチック問題の具体例と問題点を書きなさい。第二段落には第一段落であげた問題について、あなたが取り組める対処法を書きなさい。

（3）二百字以上三百字以内の文章にすること。

注意点　問6を解答する際、次のことに注意すること。

①　原稿《げんこう》用紙の適切な使い方をすること。

②　漢字や仮名遣《かなづか》い、句読点などは適切に用い、文法的なきまりを守って書くこと。

③　数字や記号を使う場合は、次のように書いてもよい。

（例）

平成30年	2020年	30件	4月	17時

三　桜さんは、ニュース番組「県立ニュースキャスト」を見て社会科の学習に取り組んでいます。【資料1】から【資料4】はその番組の一部です。各資料を参考に各問いに答えなさい。

【資料1：自然環境】

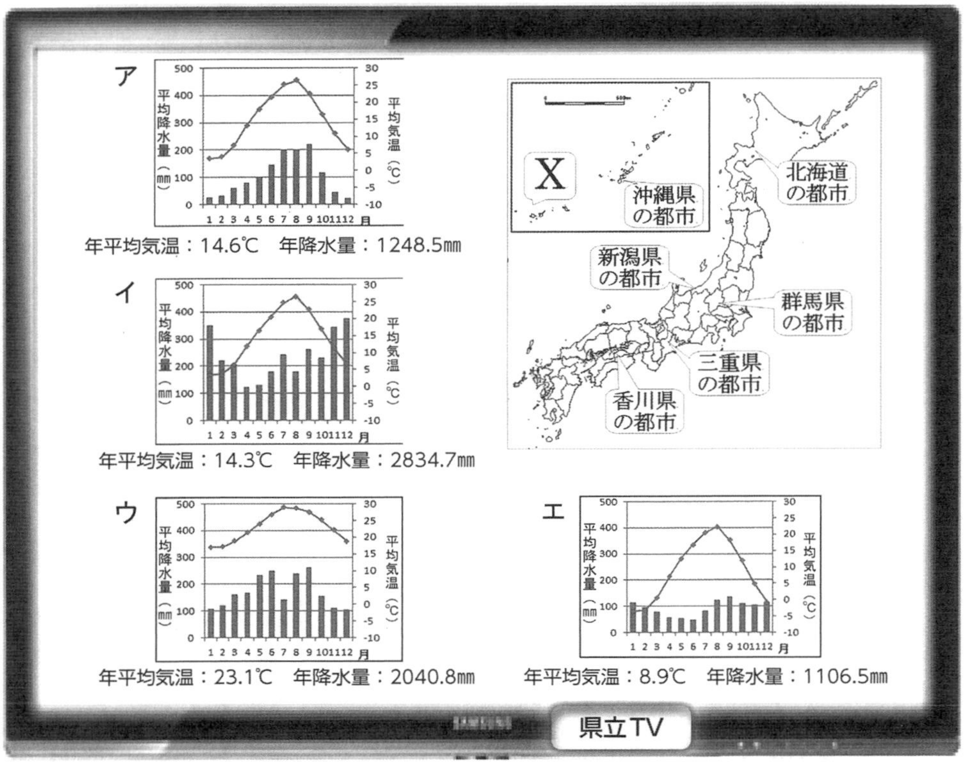

【資料2：農作物出荷量】

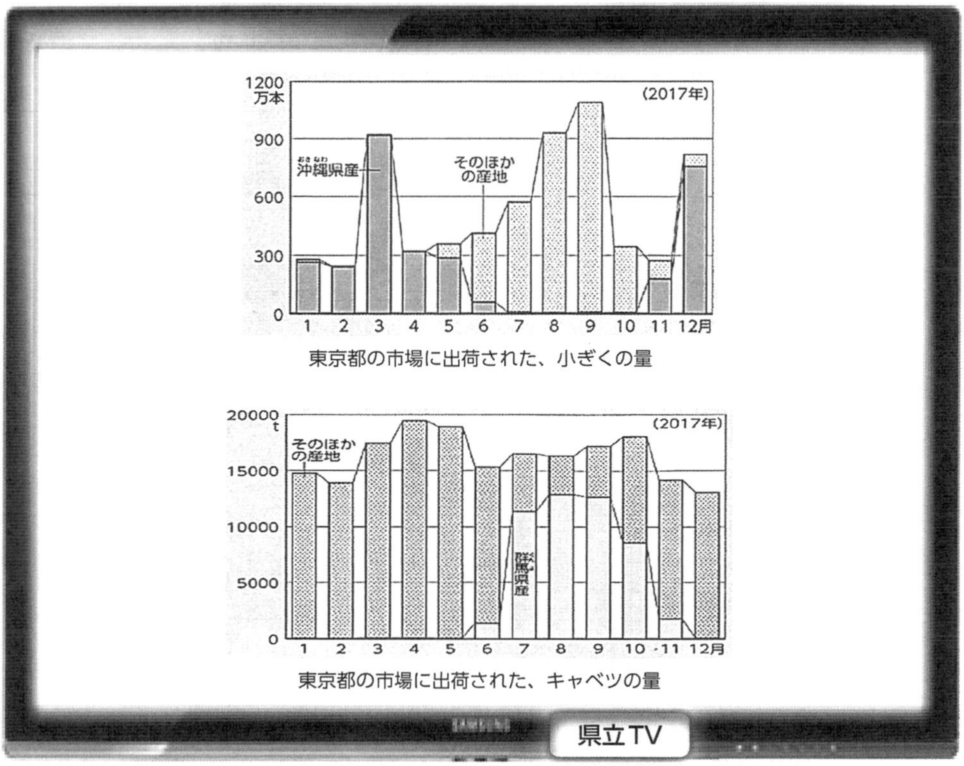

(2)　太郎さんと花子さんは，次の会話のようにさらにためしています。

花子さん「太郎さん，今度は【正三角形】の枚数を増やしてみようよ。」
太郎さん「いいね。では，【正三角形】の枚数を6枚にしてみようかな。」
花子さん「6枚の正三角形の板を1辺と1辺がぴったり合わさるように並べるんだね。
ところで，たくさんある並べ方のうち，**図3**のように，正六角形も存在するね。」
太郎さん「そうだね。それによく見ると，**図3**は，正三角形以外の図形で，[ア]と[イ]の四角形の図形があるよね。それぞれの図形で，1辺と1辺がぴったり合わさるように並べると正六角形になるよね。」

図3

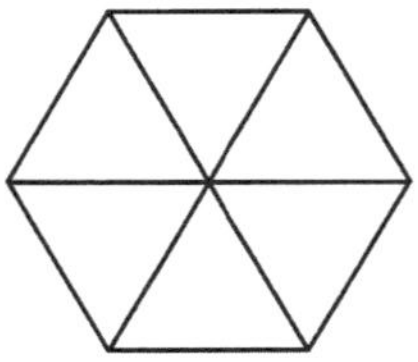

2人の会話文中にある空欄のアとイに入る適切な図形を答えなさい。

(3)　太郎さんと花子さんは，次の会話のようにさらにためしています。

花子さん「太郎さん，次は【正六角形】を1辺と1辺がぴったり合わさるように並べてみましょう。」
太郎さん「わかった。では，【正六角形】の枚数を4枚にしてやってみよう。」

太郎さんと花子さんは，【正六角形】の板4枚を，1辺と1辺がぴったり合わさるように並べると，右の**図4**になりました。

これをさらに，頂点を結び，**図5**のように色をぬりました。色のぬられた部分の面積を求めなさい。また，図形の形に目をつけて，面積の求め方を説明しなさい。ただし，正六角形の1つの面積を12㎠とします。

図4

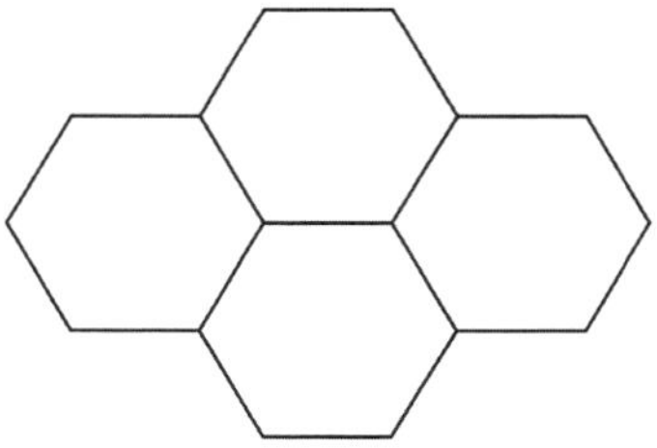

図5

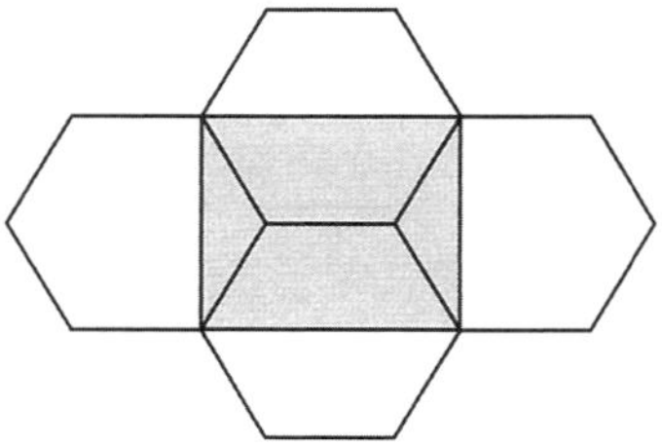

(4)　太郎さんと花子さんは，次の会話のようにさらにためしています。

花子さん「太郎さん，最後に【正六角形】を７枚使って，１辺と１辺がぴったり合わさるように並べてみたよ。」
太郎さん「では，この中に線対称な図形を描いてみるね。」

花子さんが【正六角形】の板７枚を並べ，太郎さんが線対称な図形を描いたものが**図６**です。色がぬられた部分の面積を求めなさい。

ただし，正六角形の１つの面積を12㎠とし，４つの点は，正六角形の１辺の真ん中の点とします。

図６

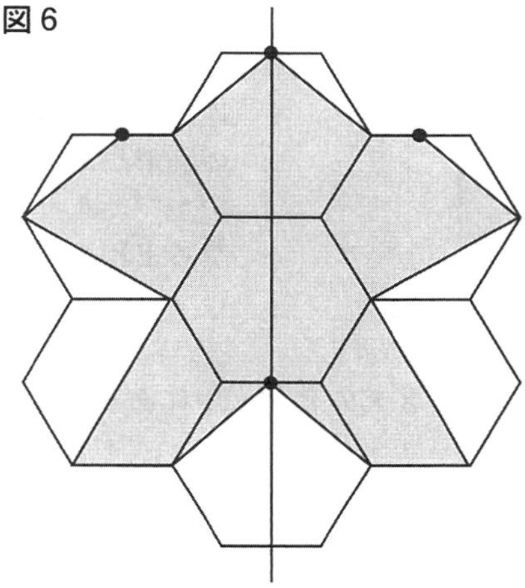

6 次の各問いに答えなさい。

(1) 実験用てこを使ってつり合いの実験をします。**図1**のように，左のうでにおもりがつるされているとき，右のうでに2個のおもりをつるして，てこを水平につり合わせるためには，どのようにおもりをつるせばよいですか。右のうでにつるすおもりの位置と個数を答えなさい。ただし，おもり1個の重さは10gとします。

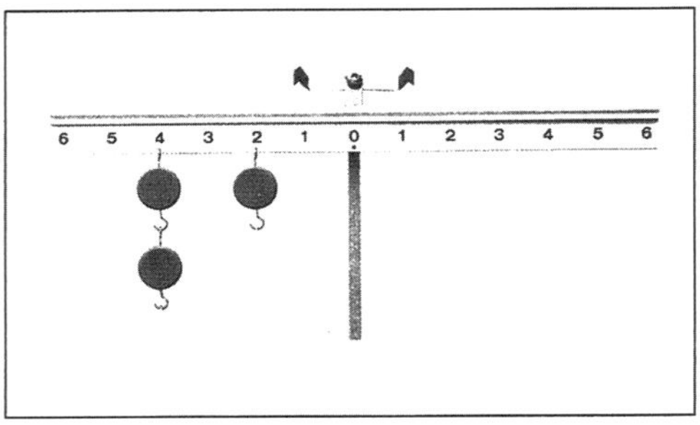

図1

(2) 下のア～エの図のように，鉄しんの周りにエナメル線を巻きつけ，電磁石をつくりました。次の問いに答えなさい。

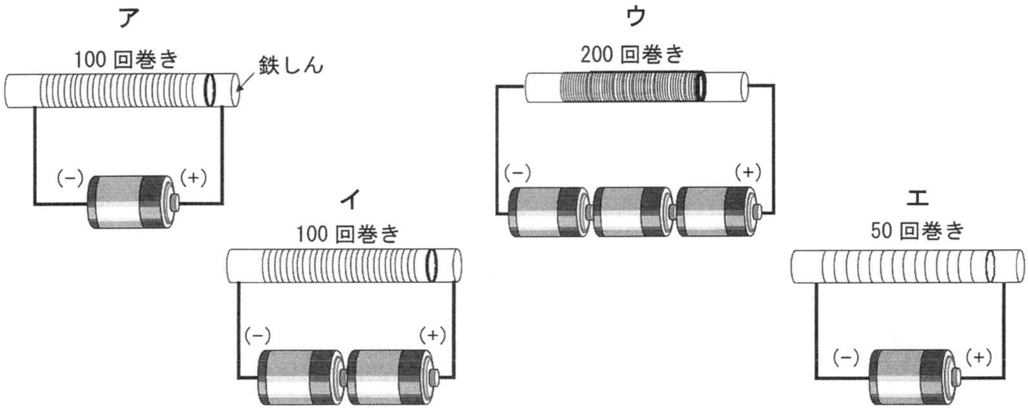

	ア	イ	ウ	エ
巻いた数	100回	100回	200回	50回
電池の数	1こ	2こ	3こ	1こ

① コイルを巻く回数と電磁石の強さの関係を調べるには，ア～エのどれを比較すればよいですか。2つ選び記号で答えなさい。

② ア～エの電磁石を，強さの強い順に並べ，記号で答えなさい。

(3) ある学校の隣にあるリサイクル工場では，1000 kg もの大きな鉄のかたまりを，強力な電磁石を使って運んでいることがあります。鉄を運ぶのに，磁石よりも電磁石を使うと良いのはなぜですか。電磁石の特ちょうにふれて，説明しなさい。

7 次の問いに答えなさい。

(1) 次の①～③の質問について答えなさい。

① 高さが10メートルほどになるマメ科のなかまで，インドやマレー半島が原産です。３～５月頃，あざやかな赤い花を枝いっぱいにさかせます。琉球漆器（しっき）の材料としても有名な沖縄県の県花を何といいますか。

② ヒトのうでには，曲がる部分と曲がらない部分があります。曲がる部分は，骨と骨のつなぎ目で，（　　）といいます。（　）に当てはまる語句を答えなさい。

③ 次のうち，昆虫であるものをすべて選び，記号で答えなさい。

ア．チョウ　　イ．バッタ　　ウ．トンボ　　エ．ダンゴムシ　　オ．クモ

(2) ホウセンカの苗を２本用意し（ホウセンカA、ホウセンカBとする），植物の根から吸収された水のゆくえを調べる実験・観察を行いました。次の問いに答えなさい。

【実験１】

手順１　ホウセンカAの根の土をよく洗い流し，**図１**のように食紅をとかした水に浸して三角フラスコの口に綿をつめて固定し，およそ３時間そのままにしておいた。

手順２　カミソリを使って茎を横にうすく切り，切片の断面をけんび鏡で観察した。

結　果　切片の断面に，赤く染まっている部分が見られた。また，葉でも赤く染まっていた部分が見られた。

【実験２】

手順１　ホウセンカBの根の土をよく洗い流し，**図２**のように，葉のついている部分をポリエチレン袋でおおい，ポリエチレン袋の口を閉じた。

手順２　三角フラスコ内の水面からの蒸発を防ぐため，表面に少量の油を浮かせ，三角フラスコの口に綿をつめてホウセンカを固定した。

手順３　日当たりのよい場所に置いて，およそ３時間後に観察した。

結　果　三角フラスコ内の水面が下がり，ポリエチレン袋の内側に水滴がたくさんついていた。

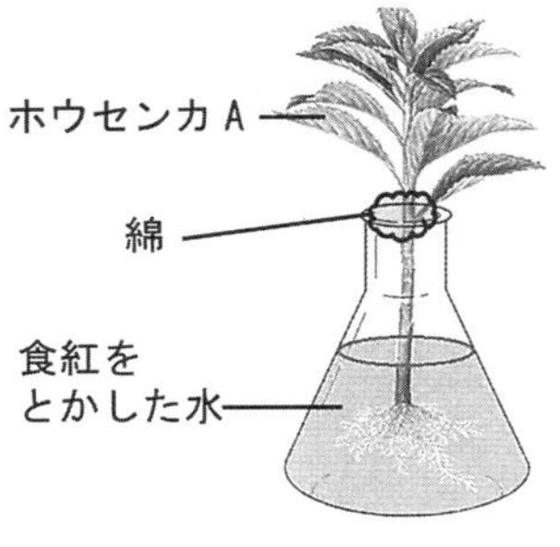

図１

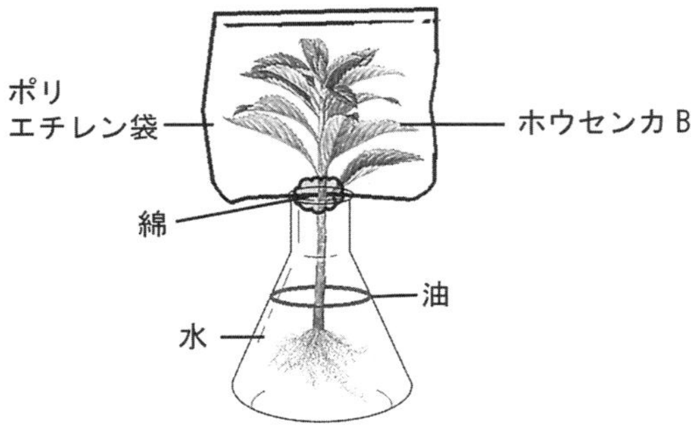

図２

①　**図３**は，実験１でけんび鏡を用いて観察した横断面の模式図です。赤く染まっている部分をえんぴつで黒くぬりなさい。（※解答用紙）

図３

②　実験１と実験２の結果から，根から吸収された水は茎の中を移動し，水蒸気となって蒸発することがわかります。そこで，根から吸収された水が葉から蒸発するものと考えて，そのことを確かめてみることにしました。このとき，どのような実験を行って実験２と比較すればよいですか。その実験方法を簡単に書きなさい。

2

50

55

3

a

b

c

4

5

6

200

300

1. 3点
2. 2点
3. 2点×3
4. 2点
5. 2点
6. 7点

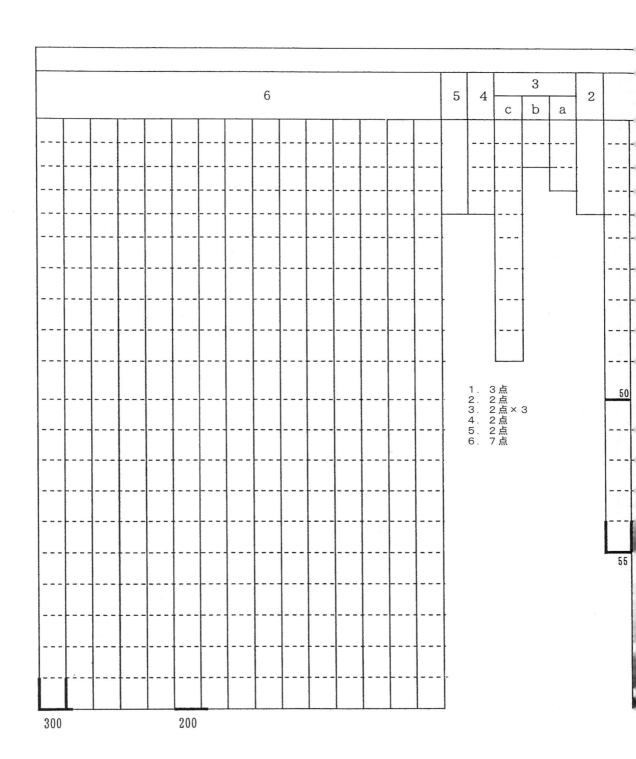

令和3年度
沖縄県立中学校

適性検査Ⅰ　解答用紙②

受験番号

名前

三

1　諸島

2

3　①　②

4

5

6

7　①　②

1．2点
2．2点
3．2点×2
4．1点
5．2点
6．1点
7．①1点　②2点

四

1

2

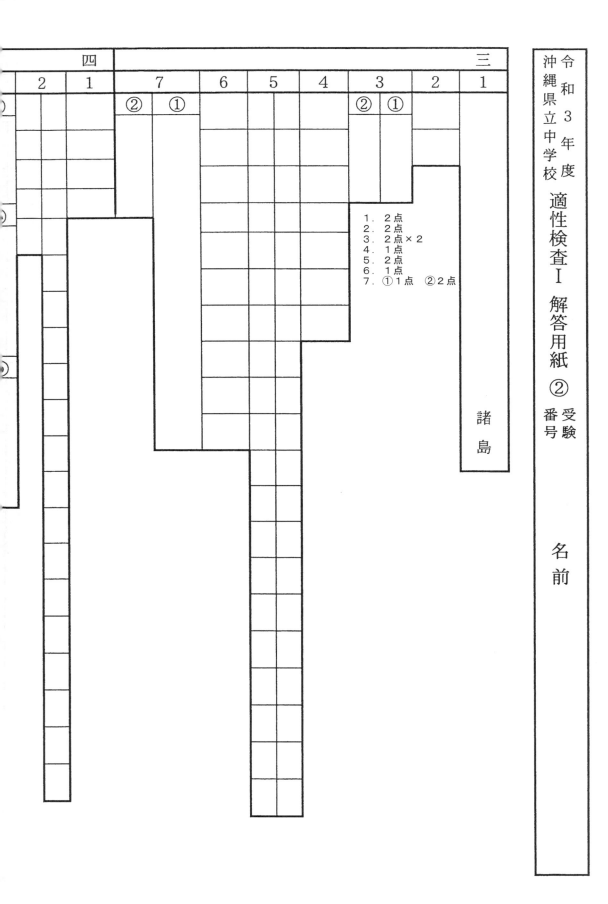

令和3年度 沖縄県立中学校
適性検査Ⅱ 解答用紙①

	受検番号	名　前

1 3点×8			
	(1)		
	(2)	＿＿＿＿ と ＿＿＿＿	
	(3)		円
	(4)		円
	(5)		冊
	(6)		枚
	(7)	Aコース	m
		Bコース	m

2 (1)2点×3 (2)3点 (3)4点			
	(1)	①	＞　＞
		②	
		③	
	(2)		
	(3)		

3 (1)2点×3 (2)2点 (3)4点			
	(1)	①	
		②	

【解答用

令和3年度 沖縄県立中学校
適性検査Ⅱ 解答用紙 ②

受検番号	名　　前

4 (1)3点 (2)6点		
	(1)	人
	(2)	選んだもの（　　　　　） 理由

5 (1)3点 (2)3点 (3)3点 ×2 (4)5点	
(1)	
(2)	

6 (1)3点 (2)3点 ×2 (3)3点		
(1)		
(2)	①	と
	②	＞　＞　＞
(3)		

7 (1)2点 ×3 (2) ①3点 ②4点		
(1)	①	
	②	

【解答

(2)

①

②

(4)

求め方

cm²

小計	／51

合計	／100

※100点満点

(2)	
(3)	

小計	／49

5	6	7	8	9	10	五 1 X	五 1 Y	五 2	五 3 A・B C・D	五 3 E	五 4	六 1	六 2

1．2点
2．2点
3．完答2
4．2点
5．2点
6．2点
7．2点
8．2点
9．2点
10．2点

1．2点×2
2．2点
3．2点×2
4．2点

1．2点
2．1点

小　計
／50

合　計
／100

※100点満点

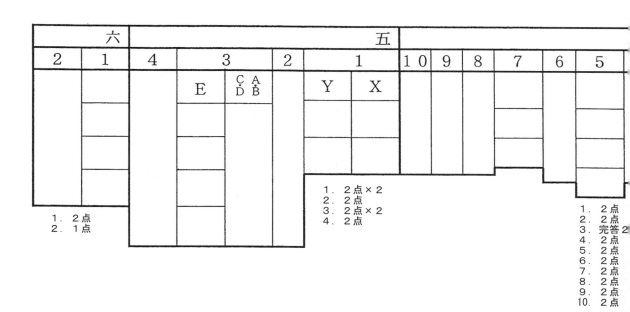

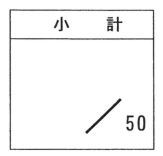

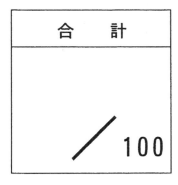

令和3年度 沖縄県立中学校 適性検査Ⅰ 解答用紙① 受検番号 名前

一

1

2

3

4

5 ③ ④ ⑥

③ る

6

7

8 (1) (2)

(1) を表している。

(2) 150 200

１．２点
２．２点
３．２点
４．２点
５．２点×３
６．２点
７．２点
８．⑴３点 ⑵７点

小計
／50

1 次の各問いに答えなさい。

(1) $48\times8.28-46\times4.14$ を計算しなさい。

(2) 一の位を四捨五入すると，460になる整数と390になる整数があります。もとの２つの整数のうち，大きい方の整数から小さい方の整数をひいた差がいちばん小さくなるときの２つの整数をもとめなさい。

(3) お菓子を買いに行きました。モンブランの値段は350円で，チーズケーキの値段の$\frac{7}{6}$倍です。シュークリームの値段は，チーズケーキの値段の$\frac{3}{5}$倍です。モンブラン，チーズケーキ，シュークリームをそれぞれ１個ずつ買うと，代金の合計はいくらですか。ただし，値段はすべて税込価格です。

(4) 450円のパンを買うのに値引きしてもらいます。16％引きのときと50円引きのときで，安い方の代金はいくらですか。

⑸　６年１組では，今週の１週間における本の貸出冊数の平均を20冊以上にしようと取り組んでいます。月曜日から金曜日までの貸出冊数は以下の通りでした。

曜日	月	火	水	木	金
冊数	25	23	13	10	

金曜日に最低何冊借りれば，目標の平均20冊を達成できますか。

⑹　下のグラフは，ＡとＢの２つの印刷機で印刷したとき，印刷した時間 x 分と印刷した枚数 y 枚を表しています。９分間印刷すると，２つの印刷機の印刷した枚数の差は何枚になりますか。

印刷した時間と枚数

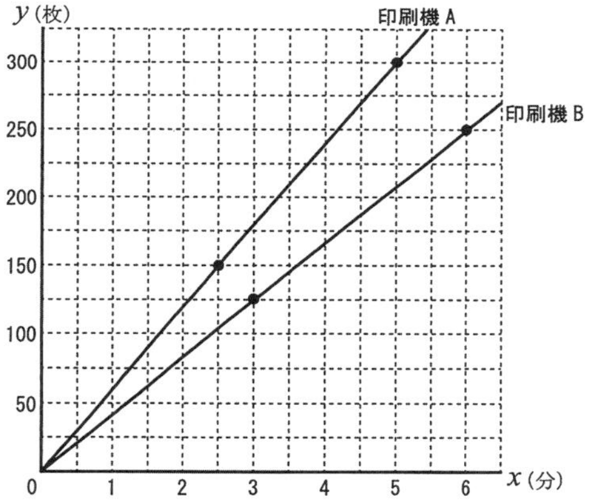

⑺　きょりのちがう２つのウォーキングコースＡ，Ｂがあります。しょうたさんはＡコースを２周とＢコースを１周して1110m歩きました。お父さんはＡコースを３周とＢコースを２周して1.8km歩きました。ウォーキングコースの長さはそれぞれ何mですか。

2 次の各問いに答えなさい。

(1) 次の①～③の質問について答えなさい。

① 水，空気，金属をあたためたとき，体積の変わり方が大きい順に答えなさい。

② 水溶液に溶けきれなくなったものと溶けたものを分けるために行う操作を答えなさい。

③ 炭酸水は何という気体が溶けた水溶液か答えなさい。

(2) 私たちの身のまわりには，いろいろな物質があります。その中でも金属は，温度によって体積が大きくなったり小さくなったりします。ア．鉄，イ．銀，ウ．亜《あ》鉛《えん》，エ．アルミニウムの４つの金属のうち，２枚の金属をぴったり合わせて，右図のような輪をつくりたいと思います。内側の金属を，イ．銀にしたときに，温めることで２個の輪が最もはずれやすいようにするためには，外側Aの金属としてどの金属を用いればよいか**記号で答えなさい。**

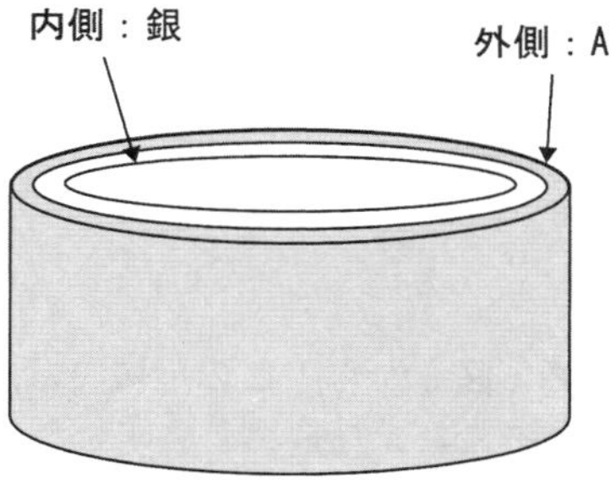

ただし，体積の変わり方が大きいのは， 亜鉛＞アルミニウム＞銀＞鉄 の順です。

(3) 右の図のように，へこみができてしまったピンポン玉を熱い湯につけたところ，へこみがなくなりました。

なぜそうなったのかを「体積」という言葉を使って説明しなさい。

3 次の各問いに答えなさい。

(1) 地域にあるがけのようすを調べることにしました。**図1**は，がけのようすをスケッチしたものです。次の問いに答えなさい。

① 図のように，いろいろなつぶが，層になって重なったものを，何といいますか。

② 図では，①がずれているようすが見られます。このような大地のずれを何といいますか。

③ アンモナイトのように，層の中に残された動物・植物の死がいや，それらの生活のあとが残ったものを何といいますか。

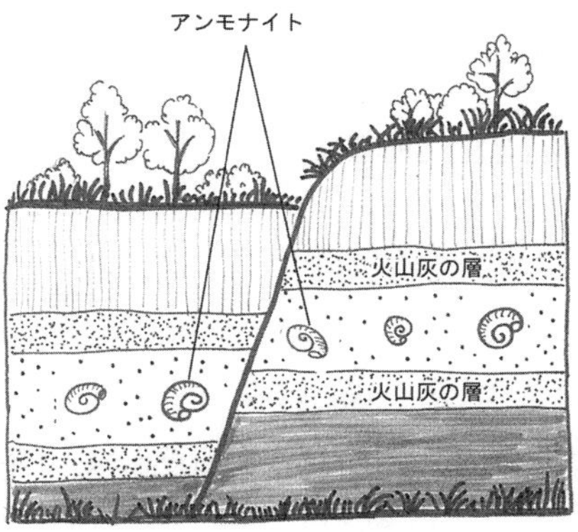

図1

(2) **図1**から，この地域では，火山の噴火《ふんか》が少なくても何回あったと考えられますか。また，そう考えた理由も説明しなさい。

(3) **図2**は，ある日の空のようすです。南の空に半月が見えています。この図のような月が見られるのは，日の出と日の入りのどちらだと考えられますか。
また，そう考えた理由も説明しなさい。

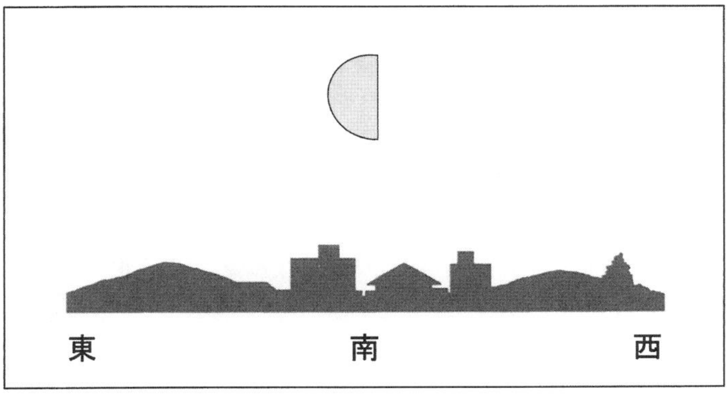

図2

4 ひろきさんの小学校で全校児童に好きなスポーツを調査しました。
その結果が右の グラフ１ です。
次の(1)，(2)の各問いに答えなさい。

(1) 水泳が好きな子が72人のとき，この小学校の<u>全校児童の人数</u>を求めなさい。

グラフ１

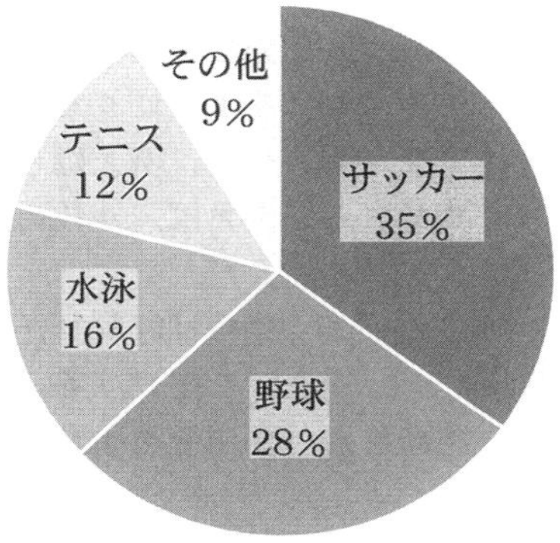

(2) ひろきさんのお兄さんが通っている中学校でも好きなスポーツを調査しました。その結果が右の グラフ２ です。

グラフ２

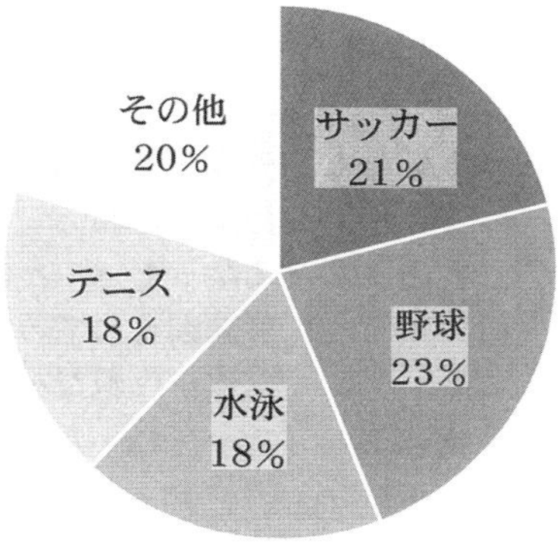

ひろきさんは グラフ１ と グラフ２ を比較して「中学校では小学校よりサッカーと野球が好きな人の人数が少ない」と考えました。

中学校では小学校よりサッカーと野球が好きな人の人数は少ないとどんな場合でもいえますか。下のア，イの中から１つ選び，その理由を説明しなさい。

ア いえる。
イ いえない。

5 太郎さんと花子さんは放課後の時間に，算数の授業で行ったことをいろいろためしています。

花子さん「太郎さん，今何やっているの。」
太郎さん「今日の授業で，【正多角形】について学習したじゃない。
先生から『合同な正三角形』の板を借りて１辺と１辺がぴったり合わさるようにくっつけて並べたんだ。」
花子さん「へー、例えばどんなふうに並べたの。」
太郎さん「例えば，４枚の正三角形の板を並べて，何通りあるのかなと考えていたんだ。
条件は回転したり，裏返したりして同じ並べ方になるものは同じとみなすことにするよ。板を別の板の上に重ねるのはだめだよ。」
花子さん「面白そう！私もやっていい。」

図１

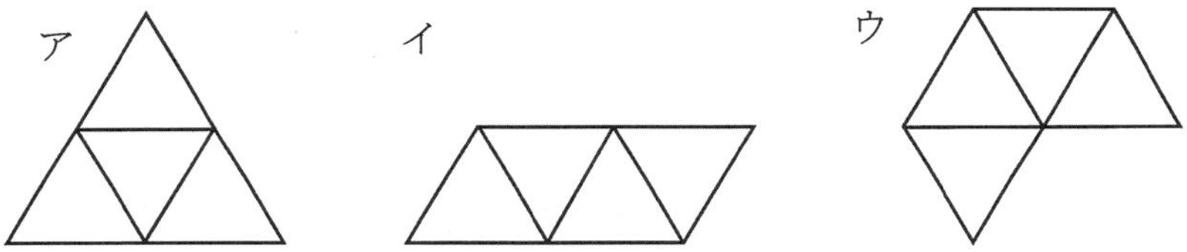

図２

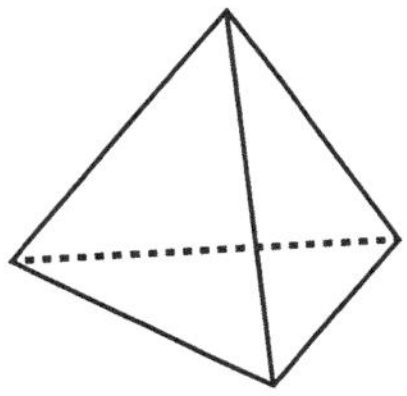

太郎さん「そうだね，**図１**のように全部で３通りあることがわかったね。」
花子さん「よかったー！ところで太郎さん。**図１**のどれかを，展開図としてみて，組み立てると，**図２**のような立体が作れないかな？」
太郎さん「そうだね！だけど、できないものもあるよね。」

次の(1)から(4)の各問いに答えなさい。

(1)　２人の会話で，**図１**のア～ウのうち，**図２**の立体にできないものがあります。それはどれですか。**図１**のア～ウのうち，１つ選びなさい。

受検番号	

令和３年度
沖縄県立中学校　適性検査Ⅱ
問　題　用　紙

（時間50分）

【注　意】

1　「始め」の合図があるまで、問題用紙を開けてはいけません。
2　問題用紙は、11ページまであります。
3　解答用紙は[＃]2枚です。
4　「始め」の合図で
◆　問題用紙の受検番号の欄《らん》、解答用紙の受検番号と名前の欄にあなたの受検番号と名前を書き入れること（解答用紙は２枚）。
◆　解答は、この問題用紙ではなく、解答用紙の決められた場所にていねいに記入すること。
5　印刷がはっきりしなかったり、問題用紙のページがたりなかったりする場合は、静かに手をあげてください。
6　「やめ」の合図で、すぐに鉛筆を置き、解答用紙を表にして机の上に置いてください。

＃教英出版 編集部　注
編集の都合上、解答用紙は表裏１枚にまとめてあります。

【資料３：優しい社会】

乗り降りしやすい回転シートの車

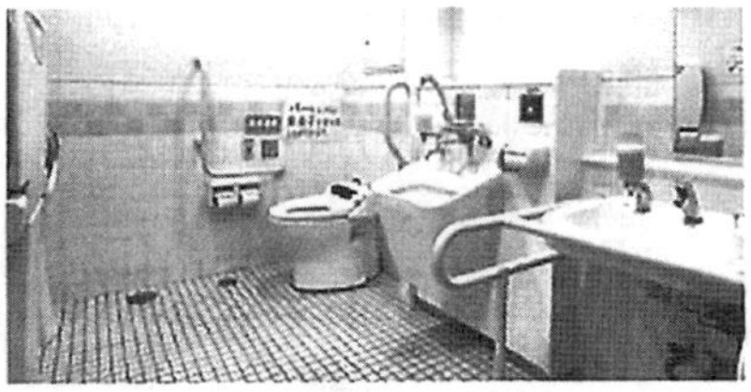

車椅子の人にも利用しやすいトイレ

県立TV

【資料４：情報を伝える方法・手段】

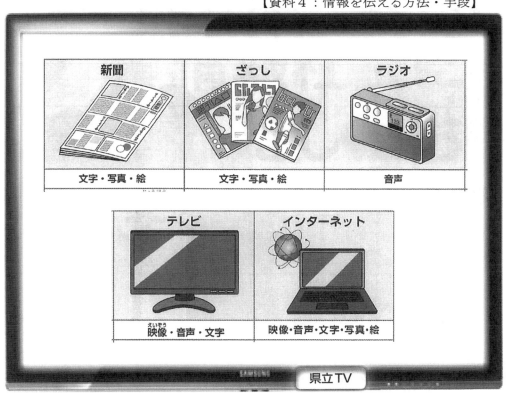

新聞	ざっし	ラジオ
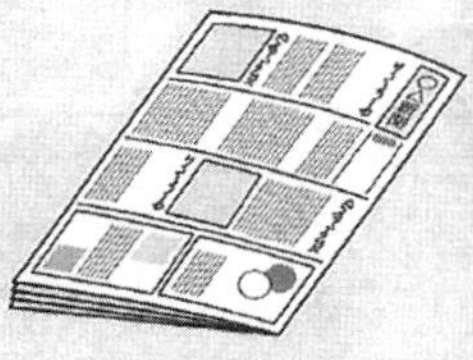		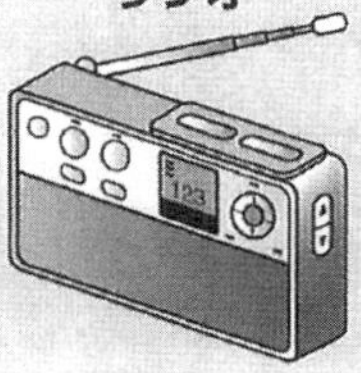
文字・写真・絵	文字・写真・絵	音声

テレビ	インターネット

映像《えいぞう》・音声・文字	映像・音声・文字・写真・絵

県立TV

1 【資料1】中のXの位置にある諸島は、中国が自国の領土として主張していますが、領土問題自体もなく日本の領土であり沖縄県の一部です。この諸島の名前を何といいますか。答えなさい。

2 日本列島の特徴は、周りを海に囲まれた様々な地形からなりたっていることです。山がなく平らな地形である平地のうち、海に面した平地のことを何といいますか。漢字二字で答えなさい。

3 【資料1】中のア～エの雨温図は、地図中にある都市のいずれかの雨温図を示しています。次の①・②について答えなさい。

① 「札幌市」の雨温図はどれですか。雨温図ア～エから一つ選び、記号で答えなさい。

② 「札幌市」の雨温図の特徴を、次のA～Dから一つ選び、記号で答えなさい。

A 日本列島の南にあるため年間を通して気温が高く、季節風の影響で夏に降水量が多いのが特徴である。

B 日本列島の西にあるため年間を通して気温が低く、季節風の影響で夏に降水量が多いのが特徴である。

C 日本列島の北にあるため夏は涼しく、季節風の影響で冬に多くの雪が降り厳しい寒さが特徴である。

D 日本列島の内陸にあるため夏は涼しく、季節風の影響で夏に多くの降水量が多いのが特徴である。

4 島国である日本は、その地形や位置などの特徴から様々な自然災害が発生します。防災や減災への取り組みとして用いられ、被害の及ぶ範囲や危険な場所などを予測した地図を何といいますか。カタカナ七字で答えなさい。

5 【資料2】は、東京都の市場に出荷された「小ぎく」「キャベツ」の量です。出荷量の特徴から、沖縄県の小ぎく、群馬県のキャベツの生産者に共通した農家の工夫は何が考えられますか。「時期」という語句を使い、四十字以内で答えなさい。

6　【資料3】のように、近年、全国的に、自動車やトイレなどを利用する人が障がい・年齢・性別・国籍などに関係なく誰もが使いやすくなる設計（デザイン）が多く見られるようになりました。このようなデザインを何といいますか。カタカナ十字で答えなさい。

7　【資料4】は【情報を伝える方法・手段】についてです。次の①・②に答えなさい。

①　「テレビ」「インターネット」「新聞」「ラジオ」のように情報を伝える方法や手段のことを何といいますか。カタカナで答えなさい。

②　「情報を伝える方法・手段」に関連した問題です。次のア～エから正しいものを一つ選び、記号で答えなさい。

ア　インターネットショッピングは、現在減少傾向にある。
イ　「情報を伝える方法・手段」は、全て正しい情報が流れているので、真実かどうか確かめる必要はない。
ウ　デジタル化によりテレビのアンケート機能を使うことによって、自分の意思を示すことができる。
エ　情報を受け取ることはできるが、発信することはできない。

四　和夫さんのクラスは、社会科の授業で、我が国の世界遺産《せかいいさん》や文化財について調べた内容をカードにまとめて発表しました。カード1から6はその一部です。カードを読んで各問いに答えなさい。

【カード1】

大仙《だいせん》（仁徳陵《にんとくりょう》）古墳《こふん》は、五世紀ごろつくられた日本最大の古墳《こふん》です。大仙《だいせん》古墳《こふん》のような前方後円墳《ぜんぽうこうえんふん》は①大和《やまと》地方に多く見られます。②古墳《こふん》は、その地域《ちいき》を支配していた豪族《ごうぞく》の墓で、鏡や剣《けん》、はにわが出土しています。

【カード2】

法隆寺《ほうりゅうじ》は、③聖徳太子《しょうとくたいし》が飛鳥《あすか》時代に建て、現存《げんそん》する世界で最も古い木造建築物で多くの仏像や美術工芸品も残されています。五重塔《ごじゅうのとう》を支えている柱の技術は、東京スカイツリーにも利用されています。

【カード3】

厳島神社《いつくしまじんじゃ》は、④平清盛《たいらのきよもり》が平氏の守り神としてまつっていました。平清盛は、瀬戸内海《せとないかい》の航路や兵庫県の港を整備して、中国との貿易をさかんにおこなっていて、厳島神社で、航海の安全をいのっていました。

【カード4】

銀閣《ぎんかく》は、足利義政《あしかがよしまさ》が⑤室町時代に、京都の東山《ひがしやま》に建てました。銀閣や銀閣の近くにある⑥東求堂《とうぐどう》では、たたみや障子《しょうじ》、違《ちが》い棚《だな》、ふすまなど日本独自の建築様式が使われています。義政のころ、応仁《おうにん》の乱がおきました。

【カード5】

日光東照宮《にっこうとうしょうぐう》は、⑦徳川家康《とくがわいえやす》をまつっている神社で、三代将軍⑧家光《いえみつ》の時に建て直されたものです。家光は全国の大名を引き連れて日光東照宮へ参拝《さんぱい》を何度も行い、大名たちに幕府の力を見せつけていました。

【カード6】

⑨富岡《とみおか》製糸場は、明治《めいじ》時代に、当時日本の重要な輸出品であった製糸業をさかんにするために建てられました。政府は、フランス人の技術者をまねき、最新式の糸くりの機械が三百台設置された大きな工場でした。

1 【カード1】の――線①から、四世紀ごろ大和地方の豪族《ごうぞく》たちが大王を中心に連合してつくった政権を何といいますか。漢字四字で答えなさい。

2 【カード1】の――線②から、埼玉県《さいたまけん》稲荷山《いなりやま》古墳《こふん》と熊本県《くまもとけん》江田《えた》船山《ふなやま》古墳から左の資料の「ワカタケル大王」ときざまれた鉄製の剣《けん》や刀が見つかりました。このことから考えられることを「支配」という語句を使って二十五字以内で答えなさい。

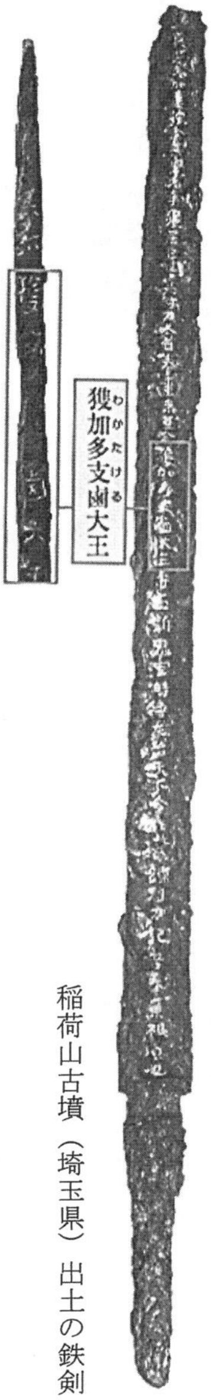

稲荷山古墳（埼玉県）出土の鉄剣

江田船山古墳（熊本県）出土の鉄刀

出典『新しい社会 歴史』東京書籍

3 【カード2】の――線③から、聖徳太子の定めた十七条《じゅうしちじょう》の憲法《けんぽう》のあ～うにあてはまる**語句**をア～カから選び、それぞれ記号で答えなさい。

十七条の憲法（一部）
第一条　人の和を大切にしなければなりません。
第二条　（あ）をあつく信仰《しんこう》しなさい。
第三条　（い）の命令は、必ずまもりなさい。
第十二条　地方の（う）が勝手に、みつぎ物を受け取ってはいけません。

ア　キリスト教　イ　仏教　ウ　両親　エ　役人　オ　天皇　カ　教師

4 【カード2】の――線③から、聖徳太子がなくなったあとの中大兄皇子《なかのおおえのおうじ》（後の天智天皇《てんじてんのう》）が行ったことで間違っているものをア～エから一つ選び、記号で答えなさい。

ア 蘇我《そが》氏の力が天皇をしのぐほど大きくなってきたので、中臣鎌足《なかとみのかまたり》（後の藤原鎌足《ふじわらのかまたり》）とともに蘇我氏を倒した。

イ 中国から帰国した留学生や僧らとともに天皇を中心とする国づくりを進めた。

ウ これまで豪族が支配していた土地を人々に返した。

エ 日本で最初の本格的な都である藤原京がつくられた。

5 【カード3】の――線④から、平清盛が武士として初めてついた役職を漢字四字で答えなさい。

6 【カード4】の――線⑤から、室町時代に発展した文化として**適切でないもの**をア～エから一つ選び、記号で答えなさい。

ア 水墨画《すいぼくが》　イ 生け花　ウ 歌舞伎《かぶき》　エ 能

7 【カード4】の――線⑥から、東求堂にみられる上の写真資料のような建築様式を何というか漢字三字で答えなさい。

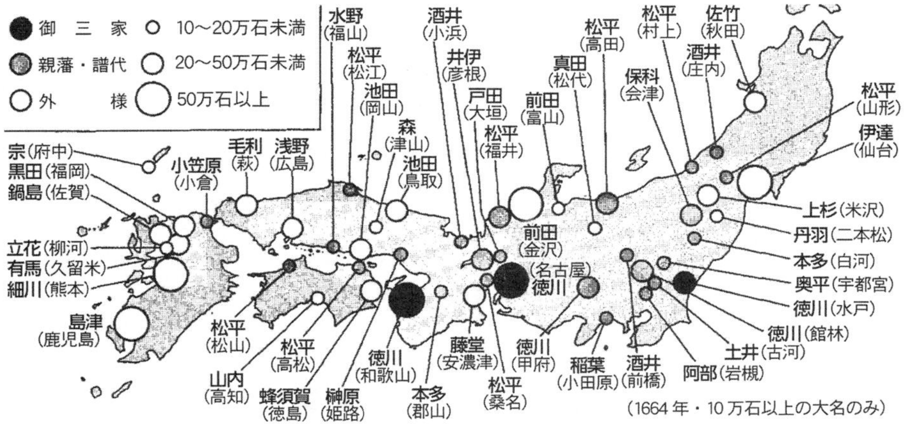

(1664年・10万石以上の大名のみ)

8 【カード5】の――線⑦から、大名の種類と大名配置の工夫を説明した文を読んで適当なものをア～エから一つ選び、記号で答えなさい。

ア　譜代《ふだい》は、徳川家の親類で、信頼できるので江戸の近くに配置した。

イ　外様《とざま》は、関ヶ原《せきがはら》の戦いの後に従った大名で、信頼できないので江戸から離れた地方に配置した。

ウ　親藩《しんぱん》は、古くからの徳川家の家臣で、信頼できないので江戸の近くに配置した。

エ　外様は、関ヶ原の戦いの後の家臣で、信頼できるので江戸から離れた地方に配置した。

9 【カード5】の――線⑧から、武家諸法度《ぶけしょはっと》で家光の時代に加えられたのはどれですか。ア～エから一つ選び、記号で答えなさい。

ア　学問や武芸を身につけ、常にそれにはげむこと。

イ　大名は、毎年四月に江戸に参勤《さんきん》すること。

ウ　幕府の許可なしに、大名の家どうしで結婚《けっこん》してはいけない。

エ　城を修理する場合は、幕府に届けること。

10 【カード6】の――線⑨から、明治政府が富国強兵《ふこくきょうへい》のために行った政策《せいさく》として**適切でないもの**をア～ウから一つ選び、記号で答えなさい。

ア　徴兵令《ちょうへいれい》　　イ　地租改正《ちそかいせい》　　ウ　農地改革《のうちかいかく》

五　次の文章を読み、各問いに答えなさい。

民主主義は、国民が、みんなでみんなのために国を治めてゆくことです。しかし、国民の数はたいへん多いのですから、だれかが、国民全体に代わって国の仕事をするよりほかはありません。この国民に代わるものが①「国会」です。・・・・(中略)

②国の仕事はたいへん多いのですが、これを分けてみると、だいたい三つに分かれるのです。その第一は、国のいろいろの規則をこしらえる仕事で、これを「　立法　」というのです。第二は、争いごとをさばいたり、罪があるかないかをきめる仕事で、これを「　X　」というのです。ふつうに裁判といっているのはこれです。第三は、この「　立法　」と「　X　」とをのぞいたいろいろの仕事で、これをひとまとめにして「　Y　」といいます。「　Y　」は内閣とその下にある、③たくさんの役所が受け持っています。

(一九四七年　文部省「あたらしい憲法のはなし」より)

1　文中の「X」と「Y」に入る適切な語句を漢字二字で答えなさい。

2　文中の――線①について、「国会」の説明として正しいものを次のア〜エからすべて選び、記号で答えなさい。

ア　国会は、話し合いを慎重《しんちょう》に行うため、衆議院と参議院の二院制のしくみをとっている。
イ　国会では、内閣総理大臣が決めた国会議員のみで話し合いを行う。
ウ　国会は、少数者の意見を大切にするため、多数決での決定を行わない。
エ　国会は、裁判官をやめさせるかどうかの裁判を行うことができる。

〔歳　入〕

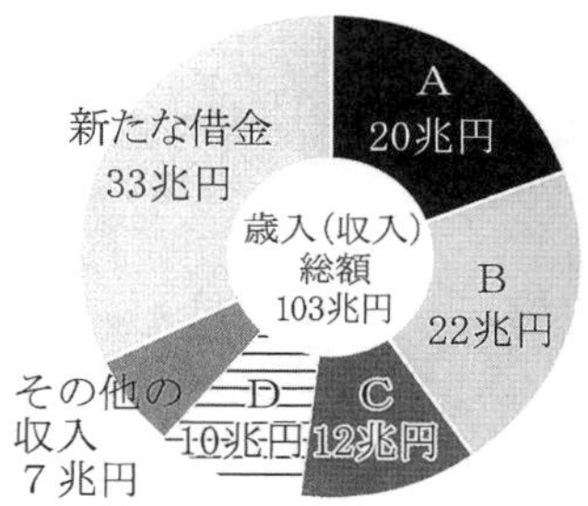

〔歳　出〕

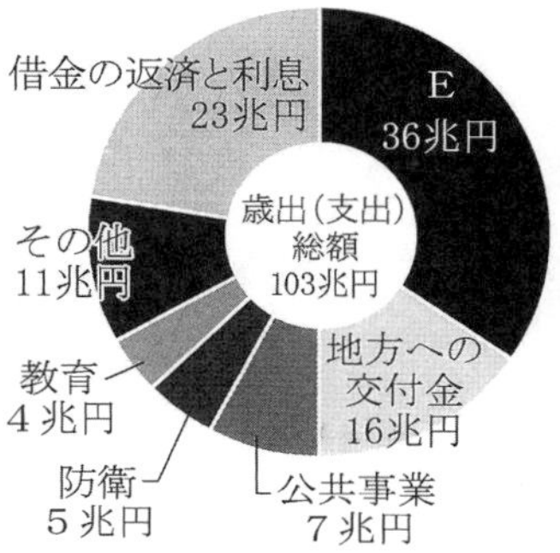

「令和２年度当初予算」
財務省ＨＰより

３　文中の――線②について、「国の仕事」を行うためには多くの費用を必要とします。上のグラフは令和二年度の国の予算を表しています。資料中のＡＢＣＤに共通して当てはまる収入源を答えなさい。
また、歳出の円グラフＥに当てはまる「社会全体で助け合うしくみ」を何といいますか。漢字四字で答えなさい。

４　文中の――線③について、内閣総理大臣は、国務大臣を任命して国のいろいろな仕事を各機関で分担して行っています。病気の予防や、食品や薬の安全確認など国民の健康に関する仕事を行っている機関を次のア～エから一つ選び、記号で答えなさい。

ア　文部科学省　　イ　財務省　　ウ　厚生労働省　　エ　外務省

六　次の文章を読み、各問いに答えなさい。

> 二〇一五年九月、①国際連合本部で、「国連［Ａ］な開発サミット」が開かれ、「我々の世界を変革する：［Ａ］な開発のための二〇三〇アジェンダ」が採択《さいたく》されました。このアジェンダ（行動計画）では、二〇三〇年までに、［Ａ］な世界を実現するための十七のゴール（目標）が立てられました。

１　文中の［Ａ］に共通してあてはまる語句を漢字四字で答えなさい。

２　文中の①について、世界中の困難な状況にある子どもたちを守るために、中心となって活動している「国連児童基金」の別の呼び方を何といいますか。

受検番号	

与勝緑が丘中学校
開　邦　中　学　校
球　陽　中　学　校

令和２年度

沖縄県立中学校　適性検査Ⅰ

問　題　用　紙

（時間50分）

【注　意】

1　「始め」の合図があるまで、問題用紙を開けてはいけません。
2　問題用紙は、19ページまであります。
3　解答用紙は２枚です。
4　「始め」の合図で
◆　問題用紙の受検番号の欄《らん》、解答用紙の受検番号と名前の欄にあなたの受検番号と名前を書き入れること。
◆　解答は、この問題用紙ではなく、解答用紙の決められた場所にていねいに記入すること。
5　印刷がはっきりしなかったり、問題用紙のページがたりなかったりする場合は、静かに手をあげてください。
6　「やめ」の合図で、すぐに鉛筆を置き、解答用紙を表にして机の上に置いてください。

＃教英出版 編集部　注
編集の都合上、解答用紙は表裏１枚にまとめてあります。

一　田中さんは、二つの文章を読み、同じ表現でも、複数のとらえ方があることに気付き、学校生活で自分の気持ちを上手に伝える際に工夫したいと考えました。次の[A]と[B]を読んで、後の問いに答えなさい。

[A]

「ただし、『……と思います』が悪文であることはたしかだ」
　山本明氏が新聞のコラムで、つよい調子で書いているから、これはこれは、と目を［　a　］。
　書き出しはこうなっている。
「ある雑誌の①へん集後記を読んでいたら、その雑誌の常連執筆者※1の急死を悼《いた》んで、①へん集長が、『心から御冥福《ごめいふく》をお祈りしたいと思います』と書いていた。
　なぜ、『心から御冥福《ごめいふく》をお祈りします』と書かないのだろう。……」
　この「……と思います」が若い人の間でよく使われるようになった［　b　］について、二つの説がある、と山本さんは言う。
　ひとつは、戦後の中学校のホームルーム※2で意見を言うとき、「自分は、こう思うが、みんなはどうですか。私は多数意見にしたがいますが」というニュアンス※3で使われた。その生徒が先生になって乱用が始まったというのである。
　もうひとつの説は、大学紛《ふん》争※4から発生したというもの。「参加者の主体性を重んじて、『リーダーは……したいと思うが、それに賛成の人は一緒《しょ》にやろう』としか言えないのだ」これが広まって一般《ぱん》に使われるようになったとする説である。
　山本氏はそのどちらだともきめていない。そのあとへはじめの「ただし、『……と思います』が悪文であることはたしかだ」が来る。
　山本さんも話しことばでの「……と思います」にはいくらか寛容《かんよう》のようである。文章にあらわれたのを問題にしているが、話しことばがすこしずつ文章を変えようとしている一例かもしれない。とにかく、おもしろい指摘で、ちょっと考えさせられた。
　そのうちとんでもない昔のことを思い出した。もう四十年近くも前のことになる。われわれの中学校で珍《めずら》しく生徒の弁論大会※5が開かれた。だれが何をしゃべったか、すっかり忘れてしまったが、ひとつ鮮《せん》明に記憶《おく》に残っていることがある。
　会が終わったあと、校庭の日だまりで数人の上級生が、私的な印②しょうをのべ合っているのをそばで聞いていた。その中のひとりを何となく尊敬していたらしい。その生徒の話し方を話題にすると、そばの人が、

「あいつは話し方を知らん。〃AはBである〃というように言い切っている。ナマイキだ」

こちらには、どうして、それがナマイキなのかわからない。びっくりしていると、その上級生はことばをついだ。

「それはあいつの意見なんだろう。〃AはBだと思います〃としなくちゃいけない。いかにも自分の考えが真理みたいに〃AはBであります〃というのはケシカラン……」なるほど、そういうものか。それでその上級生がいっそうえらいように感じられた。

そういうことがあって、［　c　］をやわらげる「……と思います」には好感をもってきたから、山本さんの指摘はよけい新鮮であった。文章でも、わたくしは「思う」ということばをよく使う。ひょっとすると、その雑誌のへん①集長のような文章を書かないとも限らない。それが「悪文であることはたしかだ」なら、これは気をつけないといけないと自戒《かい》※6する。

いつか「すばらしいでした」という文章を見てびっくりした。「すばらしい」だけでいいのに、よけいなものをくっつけて妙《みょう》な日本語にした。「すばらしい」だけではすわりが悪い、なにかつけたいとなると「すばらしいと思います」になる。こういう言い方がほかにもかなりある。語呂《ごろ》をよくするためにつける。ほとんど意味のない「思います」である。

それにやはり、［　c　］をさけたいという心理がある。昔の中学生もそれにこだわっていたことになる。敬語を使う気持に通じるところがあるかもしれない。

（外《と》山《やま》滋《しげ》比古《ひこ》『ことばの教養』中公文庫　一部抜粋）

〈注〉
※1 常連…いつも来る客。
※2 ホームルーム…学級活動。学活。
※3 ニュアンス…言葉などのびみょうな意味合い。
※4 大学紛争…大学のあり方について、大学と学生の主張が対立した争い。
※5 弁論…大勢の前で、自分の意見を述べること。互いに論じ合うこと。
※6 自戒…自分で自分をいましめること。

B

テレビのリポーターが、「では、これから〇〇したいと思います」と、何か始めるシーン、よく見かけますよね。なぜ、「これから〇〇します」と言わないのでしょうか。

「〇〇したいと思います」という文章は、まわりくどいですね。「〇〇したい」という自分の思いを表明しているだけ。「ダメだよ」と言われたら、中断できるニュアンスです。実際にはやめるつもりがないのに、「思います」と表現する、違和《いわ》感を覚えます。

これは、［　c　］を避《さ》ける表現です。「これから〇〇します」と言い切ると、特に女性リポーターの場合、「表現がキツイ」と視聴《しちょう》者に思われそうなので、それが恐《こわ》くて、「思います」という一歩下がった表現を使っているのですね。無意識の表現でしょう。肝心《かんじん》のリポーターには、そんな自カク①はないのでしょうが。

プレゼンテーションの冒頭《ぼうとう》で、「では、発表したいと思います」と発言すると、意地の悪い上司だったら、「思ってないで、始めろ」と突《つ》っ込《こ》みを入れてくるかもしれません（そんなに意地の悪いのは私だけ？）。

話は簡潔に。途《と》中で他人から突っ込みを入れられるような表現は避ける。この大原ソク②からいえば、「これから〇〇します」で、いいのです。「〇〇したいと思います」は、余計だと**思います**※8。

（池上彰《あきら》『わかりやすく〈伝える〉技術』講談社現代新書一部抜粋）

〈注〉※8「思います」…太字にして線を引いているのは［B］の筆者。

1　～～～線部①②のひらがなを、正しい漢字に直して書きなさい。

①　へん集　　②　印しょう

2　‖線部①②のカタカナを漢字にした場合、同じ漢字を使用するものを、それぞれアからオの中から一つ選んで、記号で答えなさい。

①　自カク

ア　人生の名言やカク言にふれる　イ　神社仏カクについて調べる　ウ　問題用紙をカク認する
エ　カク安チケットを入手する　オ　事件が発カクする

②　原ソク

ア　無病ソク災を願う　イ　規ソク正しい生活をおくる　ウ　天体を観ソクする
エ　友だちの意外なソク面を知る　オ　ソク度を守って運転する

3　［　a　］にあてはまる慣用句を、次のアからカの中から一つ選んで、記号で答えなさい。

ア　ぬすむ　イ　むく　ウ　とめる　エ　そばめる　オ　ふせる　カ　つぶる

4 ［ b ］にあてはまる言葉を辞書で調べると、次のようにのっていました。辞書の前後の言葉や本文の文脈を手がかりにして、［ b ］にあてはまる言葉を漢字二字で書きなさい。

> ［検印］検査をしたしるしにおす印。
> ［ b ］物事のおこり・もと。⟷ 結果
> ［現員］ただいまの人員。現在員。
>
> （『新選国語辞典』より）

5 ［ c ］にあてはまる言葉を、次の中から一つ選んで、記号で答えなさい。三か所とも同じ言葉が入ります。

ア 現実　イ 危険　ウ 意味　エ 断定　オ 厳格　カ 乱用

6 次のアからエの文で、本文の内容を適切に述べているものを選び、記号で書きなさい。

ア 「会が終わったあと、校庭の日だまり」で話された会話の中で、「ナマイキだ」と言われたＡの筆者は、「思います」という表現に好感を持っている。

イ Ａの筆者は、「…と思います」という表現が、若者の間ではやってきたのは、ホームルームで先生に教えられてきたからだときめている。

ウ Ｂの筆者は、女性リポーターが「表現がキツイ」と視聴《ちょう》者に思われそうな表現は使わずに、一歩下がった表現にしていることに感心している。

エ 言い切ることを避け、「○○したいと思います」という表現を、テレビのリポーターが何の気なしに使っていることに、Ｂの筆者は疑問を感じている。

7 田中さんは、このＡＢの文章を読み、次のようにノートをまとめました。田中さんのノートの空らんの、(①)(②)に当てはまることばを、ＡＢの文中から書き抜きなさい。

> ・山本明氏の意見 ⬇ 「…と思います」という表現は（①）ならば多少受け入れられる。
> ・Ａの筆者外山さんの意見 ⬇ 「…と思います」という表現には好感を持っているが、これから気をつけよう。
> ・Ｂの筆者池上さんの意見 ⬇ 「○○したいと思います」という表現は、話が（②）にならず、まわりくどくなるから避《さ》けていきたい。

8 [B]の文章の最後に「『〇〇したいと思います』は余計だと**思います**。」とあります。[B]の筆者は、なぜ「**思います**。」に線を引き、太字にしたと思いますか。あなたの考えを四十字以上五十字以内で書きなさい。句読点〈。、〉や、かっこなども一字と数えます。

9 あなたは学校生活で相手に自分の気持ちを上手に伝えるためにどのような工夫をしますか。日ごろ気になる日本語の使用を例に挙げ（[A][B]の例はのぞく）、自分の体験をふまえながら、次の〈条件〉に合わせて書きなさい。

〈条件〉
(1) 百字以上百二十字以内で書くこと。
(2) 題名や自分の名前は書かずに、一行目、一マス下げたところから書くこと。
(3) 二段落以上の構成で書くこと。
(4) 句読点〈。、〉や、かっこなども一字に数え、段落を変えたときの残りのマス目も字数として数えること。

二 狂言は、六百年以上の歴史を持つ古典芸能です。次の狂言「しびり」の一部を読んで、後の問いに答えなさい。

ある日、太郎冠者《たろうかんじゃ》は、主《あるじ》に※1和泉《いずみ》の堺《さかい》へ使いに行くよう命じられました。どうしても行きたくない太郎冠者は、使いを次郎冠者に言いつけてくれるようたのみますが、主はゆるしてくれません。そこで、太郎冠者は考えました。

太郎冠者 ※2（独白《どくはく》）これはめいわくなことを言いつけられた。あそこへは太郎冠者、ここへは太郎冠者と、このように遣《つか》われては、身もほねも続くことではない。よし今一度は参ろうが、このようなことは重ねての例になりたがる。何とぞして、参りともないものじゃが。（ a ）いや、いたしようがある。作病《病気のふり》を起こして、参るまいとぞんずる。

（ b ）あいたあいた、あいたあいた、あいたあいた。

主 （独白）これはいかないこと。太郎冠者の声じゃ。（ c ）①えい、太郎冠者。なんとした。

太郎冠者 しびり《しびれ》がきれました。

主 しびりほどのことをぎょうさん《おおげさに》いうものじゃ。どれどれなおしてやろう。（ちりを拾って、太郎冠者の額へつけながら）それそれ。それでよかろう。

太郎冠者　これはなんでござる。

主　しびりのまじないに、額にちりをつければなおると言うによってつけた。おおかた《だいたい》、それでよかろうぞ。

太郎冠者　いかないかな《どうしてどうして》。②わたくしのしびりは、親譲《ゆず》りのしびりでござるによって、※3わらの一駄《だ》や二駄、つけた分では治りませぬ。

※1　今の大阪府堺市の辺り。
※2　劇で、ひとりで言うせりふ。
※3　馬一頭または二頭分のわら。駄は馬一頭に積むことのできる荷物の量を表す。

（小学生の国語　五年　三省堂）

1　本文中の空らん（a）から（c）には、しぐさや動作等の表現が入ります。それぞれ最も適切な記号を選び書きなさい。

ア　思いついて　イ　がっかりして　ウ　大きな声で　エ　太郎冠者に向かって　オ　使いに向かって

2　本文中①――部は、次のアからエの独立語（独立している文節）のうちどれにあたるか、記号を一つ選び書きなさい。

ア　提示　イ　呼びかけ　ウ　応答　エ　感動

3　本文中②――部の太郎冠者は、「わたくしのしびり」をどのような病気だと説明していますか。次の〈条件〉に合わせて書きなさい。

〈条件〉(1)　文中の言葉を使い、一文で書くこと。
(2)　十五字以上二十字以内で書くこと（句読点を含む）。

三　金城さんの学級では、国語の時間に「詩の面白さを読み解こう」という授業で次の「[A]の詩」、「[B]【詩の解説文】」、「[C]【対談の一部】」を使って授業をしました。それを読んで、あとの問いに答えなさい。

[A]　（⑴から⑹の番号は連を表す）

明日

谷川俊太郎

⑴
ひとつの小さな約束があるといい
明日に向かって
ノートの片隅《かたすみ》に書きとめた時と所
そこで出会う古い友達の新しい表情

⑵
ひとつの小さな予言があるといい
明日を信じて
テレヴィの画面に現れる雲の渦巻き
〈曇のち晴れ〉天気予報のつつましい口調

⑶
ひとつの小さな願いがあるといい
明日を想って
夜の間に支度《したく》する心のときめき
もう耳に聞く風のささやき川のせせらぎ

⑷
ひとつの小さな夢があるといい
明日のために
くらやみから湧《わ》いてくる未知の力が
私たちをまばゆい朝へと開いてくれる

⑸
だが明日は明日のままでは
いつまでもひとつの幻《まぼろし》
明日は今日になってこそ
生きることができる

⑹
ひとつのたしかな[①]があるといい
[②]に向かって
歩き慣れた細道が地平へと続き
この[③]のうちにすでに[④]はひそんでいる

（「谷川俊太郎詩集『魂のいちばんおいしいところ』より」）

B

【詩の解説文】

著作権に関係する弊社の都合により
本文は省略いたします。

教英出版編集部

（「畑島喜久生編「詩のわかる本」より」）

Ｃ

【谷川《たにかわ》俊太郎《しゅんたろう》（詩人）・宮藤官九郎《くどうかんくろう》（脚本家）・箭内道彦《やないみちひこ》（クリエイティブ・ディレクター）の対談の一部】

宮藤　詩の世界って、批評《ひひょう》されることもあるわけじゃないですか。褒《ほ》められたり、貶《けな》されたり。基準って……。

谷川　今はもう、ほんとわかんないですね。僕が書き始めた頃はまだしも基準があったような気がするんですけど。ようするに、近代詩の①宮沢賢治とか、中原中也《なかはらちゅうや》とかね、そういうふうに出来上がった人がいたわけだから、なんとなく、そこらへんを基準にしてたわけです。ただ、戦争が終わって、新しい詩が出てきたときに「近代的な詩はダメだった」ってことになっちゃったから、そのへんから基準は崩《くず》れてきてるんですよ。

箭内　でも、良い／悪いって誰が決めてるんですか？詩評論家みたいな人がいるんですか。

谷川　いるんだけどね。難しくてよくわかんないんですよ。

宮藤　でも、そうですよね。コピーとかＣＭだと、商品が売れた・売れないっていう基準がありますもんね。

箭内　そうですね。うん、ドラマも視聴率があるし。

谷川　詩集は全部売れないからさ、売れ線で考えらんないんですよ。三百部と二百部、どっちが偉《えら》いみたいな話ですからね。

宮藤　そうすると、「この詩、面白くない」って言ったときに、自分に返ってきそうな気がするんですよね。なんて言うんでしょう、面白くないってことは、感じられなかったってことじゃないですか。

谷川　そうです、そうです。感じられなかったのは、自分が悪いか、詩が悪いかってことでしょ？［⑥］んです。

宮藤　あ、［⑥］でいいんですか？

谷川　いいんです。その場合はすぐに捨てて、他の詩を読む。感じられる詩も絶対あるはずだから。

宮藤　小説とか映画とか、ある程度意味が通っているものの場合、ちゃんと感じられなかったときに「ここが悪い」って言えちゃうんですけど、詩の場合は「俺が馬鹿なんじゃないか」と思っちゃうんですよ。

箭内　試されてる感じはありますよね。

宮藤　音楽もそうなんですけど、「わからない」って言って馬鹿だって思われたくないって言うのが絶対あるんですよね。僕、谷川さんの絵本をこどもに読ませたとき、こどもがげらげら笑っているのを見て「うわっ！」と焦ったんですよね。わかるんだ、って。ごめん、お父さんわかんないわ、って（笑）。絵本読んでると、「何でこのページの次がこれなんだろうね？」みたいなことって、あるじゃないですか。でも、詩を読んでピンとこなかったら「⑥」でいいんですね。

谷川　いいんです。

箭内　でも、「わかんない」ってずっと怖くて言えなかった言葉ですけど、②「わかんない」ってすごい良いコミュニケーションだと思う。わかんないってことも、コミュニケーションが成立してることの一つのような気がします。谷川さんはそれを含めて楽しんでいるような気がしますね。

谷川　だから詩っていうのは、本当はわかる／わからないが基準じゃないんです。おいしいかまずいかなんです。だから、なんとなくおいしければそれは良い詩なんですよ。まずければ、食べ物と同じで食べなきゃいいの。意味で出来上がってる詩もあるんだけど、詩って、意味よりも言葉の味わいだっていうふうに僕は考えてるんですけどね。だって、芭蕉《ばしょう》の有名な「古池や蛙《かわず》飛び込む水の音」という俳句だって、どういう意味って聞かれたら何て答えますか？「池に蛙が飛び込みました」って、それしかないでしょう？意味としてはそれだけなんだけど、何か良いわけですよね。だから、そうやって直感的に好きか嫌いか。おいしいかまずいかでいいと思ってるんですけどね。

箭内　芭蕉の句って、英訳するとどういうふうになってるんですかね？

谷川　すごい数ありますよね。何百と翻訳《ほんやく》があるんだって。

宮藤　えっ、あれを？

箭内　「サウンド・オブ・ウォーター」みたいな感じになるんですかね？

宮藤　それしか思いつかない（笑）。もっと違うやつもあるんですよね。全然蛙が出てこないような訳も。

谷川　どうだろう、読んでないからわかんないけど、詩の翻訳っていうのはほとんど不可能ですから。

（谷川俊太郎・箭内道彦・宮藤官九郎
「自由になる技術～80歳詩人のことばを聞く～」より）

(3)　下の図１のように台風16号と台風17号が日本の南の太平洋上で発生し，その後２つの台風はゆっくりと沖縄本島方面へ進んできました。

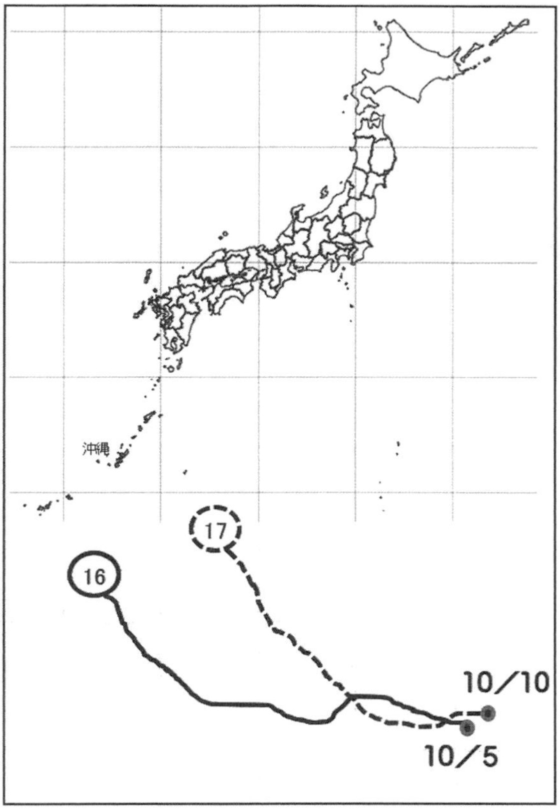

図１　台風16号・17号の進路

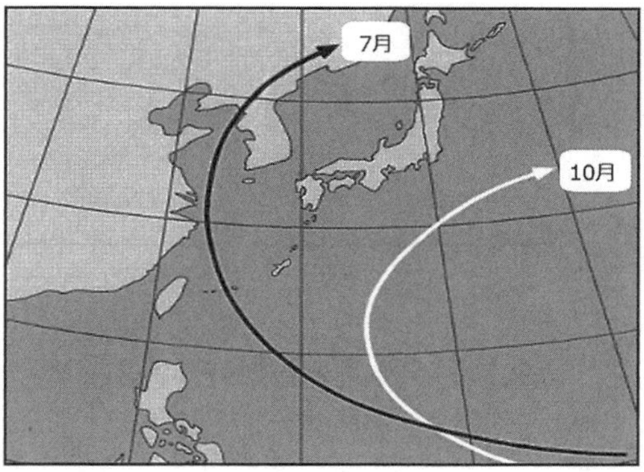

図２　日本付近を通る台風の進路の例

このあと，沖縄本島へ接近する可能性が高いのは，台風16号と台風17号のどちらでしょう。右の図２の「日本付近を通る台風の進路の例」も参考にしながら，そう考えた理由も説明しなさい。

⑶　池や川，海などの水の中の小さな生物がいなくなると，人の生活にどんな影響があるでしょうか。「食べる」「食べられる」の言葉を使って説明しなさい。

9　天気に関する次の各問いに答えなさい。

(1)　□　にあてはまる数字や言葉を書きなさい。

①　天気は，空全体を10としたときの，およその雲の量で決まる。雲の量が0～□ならば「晴れ」となる。

②　□　は，全国各地の雨量や風向，風速，気温などのデータを，自動的に計測し，そのデータをまとめるシステムである。

③　大雨や台風による強風により，災害が起こる場合がある。災害から自分の命を守るために　□　を使って最新の気象情報を知る必要がある。

⑵　下の図は，ある日の太陽の動きとかげのでき方を観察した時のようすです。
□　の中にあてはまる方位を書きなさい。

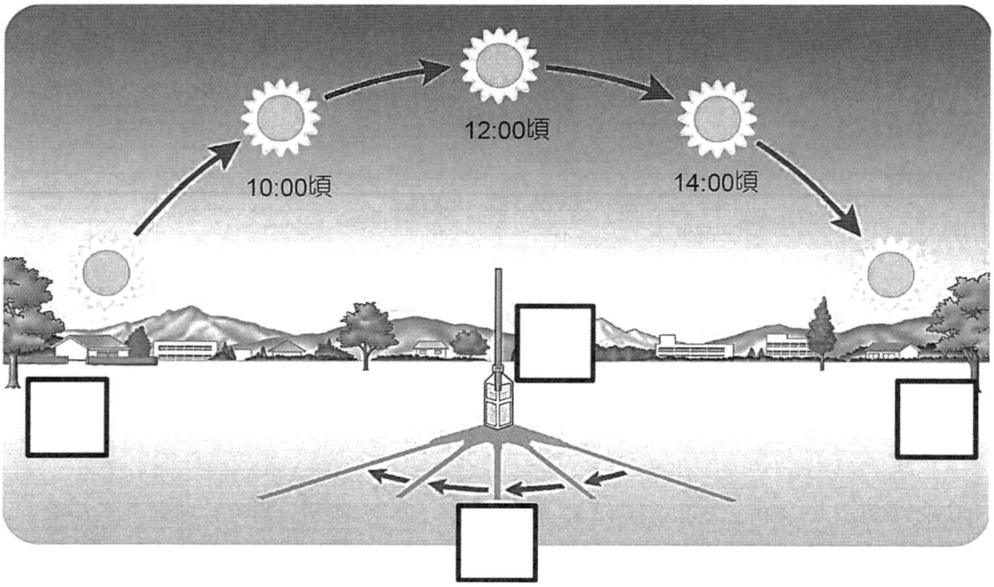

8 食べ物をとおした生物のかかわりについて，次の各問いに答えなさい。

(1) [　　] にあてはまる生物の名前を，下の [　] の言葉から選び，記号で答えなさい。

ア　草むらの植物　→　[　　　]　→　スズメ　→　ワシ

イ　[　　　]　→　イワシ　→　カツオ　→　サメ

ウ　トウモロコシ　→　ニワトリ　→　[　　　]

① ブタ　② 水の中の小さな生物　③ バッタ　④ カブトムシ
⑤ メダカ　⑥ ミミズ　⑦ 空気中の小さな生物　⑧ 人

(2) 食べ物をとおした生物の関わりについて話し合っています。下の [　] のように，動物が食べている物をたどると，何にたどりつくでしょう。[　　] の中に言葉を書きなさい。

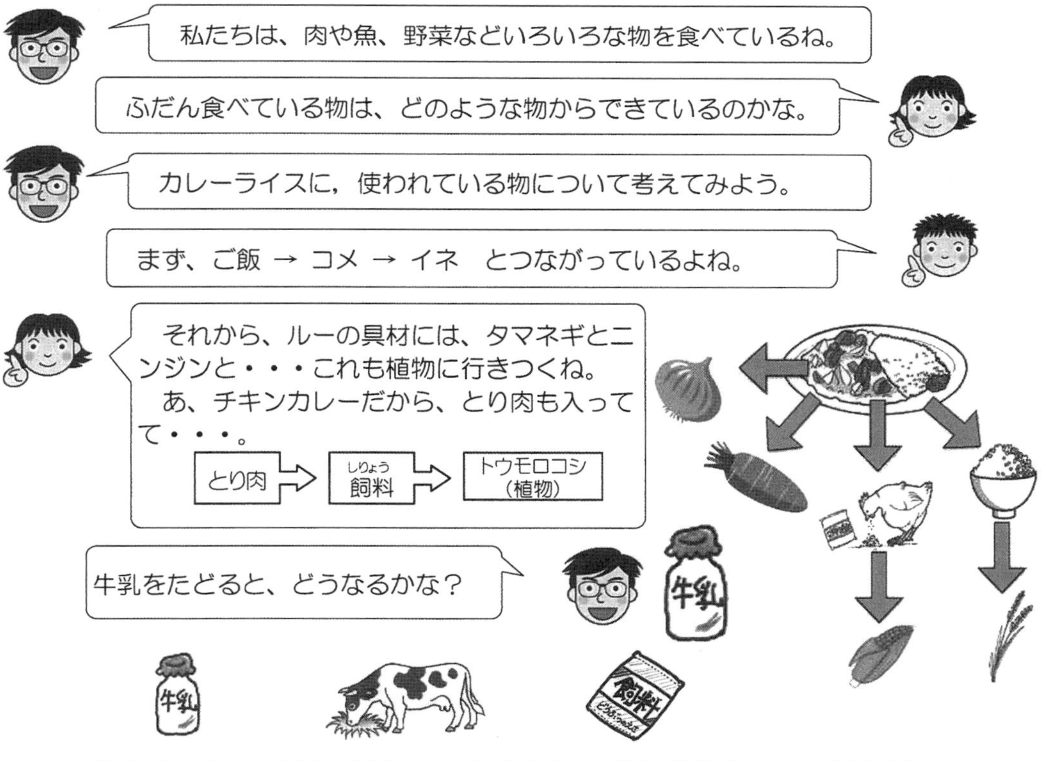

私たちは、肉や魚、野菜などいろいろな物を食べているね。
ふだん食べている物は、どのような物からできているのかな。
カレーライスに，使われている物について考えてみよう。
まず、ご飯 → コメ → イネ　とつながっているよね。
それから、ルーの具材には、タマネギとニンジンと・・・これも植物に行きつくね。
あ、チキンカレーだから、とり肉も入ってて・・・。
とり肉
飼料《しりょう》
トウモロコシ（植物）
牛乳をたどると、どうなるかな？
牛乳
飼料

牛乳 ⇨ ウシ ⇨ 飼料 ⇨ [　　　]

かずきさんは，家庭学習の時間が短いことを改善しようと考え，学習委員会でポスターを作成して呼びかけることを提案しました。

かずきさんは，家庭学習の時間が60分以上の人の割合を，学級の８割以上にすることを目標にしました。

ポスターを作成してから１か月後に，かずきさんは，１回目と同じように家庭学習の時間を調べてみました。

右の**図２**は，35人分の家庭学習の時間を全体の散らばりがわかりやすいように，柱状グラフに表したものです。

図１と**図２**のグラフを比較すると，例えば，０分以上10分未満が７人から１人に減少したことがわかります。

図２　家庭学習の時間（２回目）

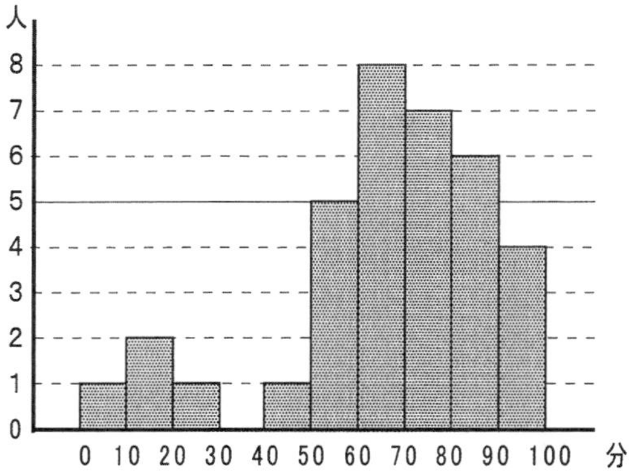

(2)　かずきさんの立てた，家庭学習の時間が60分以上の人の割合を学級の８割以上にする目標は達成できましたか。

次の**ア**，**イ**の中から一つ選び，記号で答えなさい。また，そのように判断した理由を，割合を示して説明しなさい。

ア　かずきさんの立てた目標は達成できた。
イ　かずきさんの立てた目標は達成できなかった。

(2)　なおきさんは，**図１**の**ア**から**オ**までの図形に，合同な正方形をあと２つ，辺と辺がぴったりと重なるようにつなげて，立方体の展開図にしようと考えました。

図１の**ア**，**ウ**，**エ**，**オ**の図形については，例えば，**図２**のように，かげをつけた部分に正方形をつなげると，それぞれ立方体の展開図にすることができました。

図２

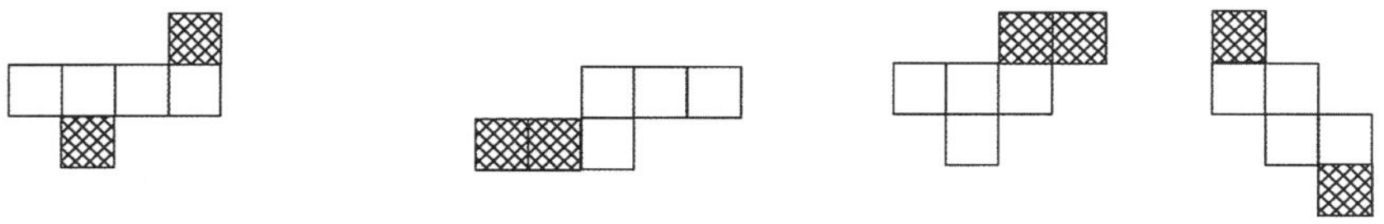

図１の**イ**の図形については，合同な正方形２つをどこにつなげても，立方体の展開図にすることはできません。その理由を，立方体の頂点のつくりを示して説明しなさい。

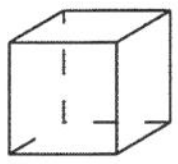

7　かずきさんの通う小学校では，６年生の家庭学習として，60分以上を奨励《しょうれい》しています。

学習委員のかずきさんは，自分の学級で家庭学習の時間を調べてみることにしました。かずきさんの学級は35人です。

右の**図１**は，35人分の家庭学習の時間を全体の散らばりがわかりやすいように，柱状グラフに表したものです。

グラフから，例えば，０分以上10分未満が７人いることがわかります。

図１　家庭学習の時間（１回目）

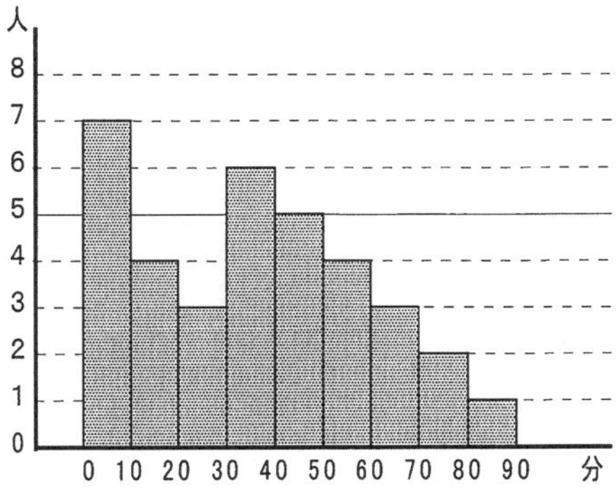

(1)　家庭学習の時間が60分未満の人と，家庭学習の時間が60分以上の人では，どちらが何人多いか答えなさい。

5　次の各問いに答えなさい。

(1)　右の図は，１辺10cmの正方形１つと直径10cmの半円４つを組み合わせたものです。

かげをつけた部分の面積を求めましょう。ただし，円周率は3.14とします。

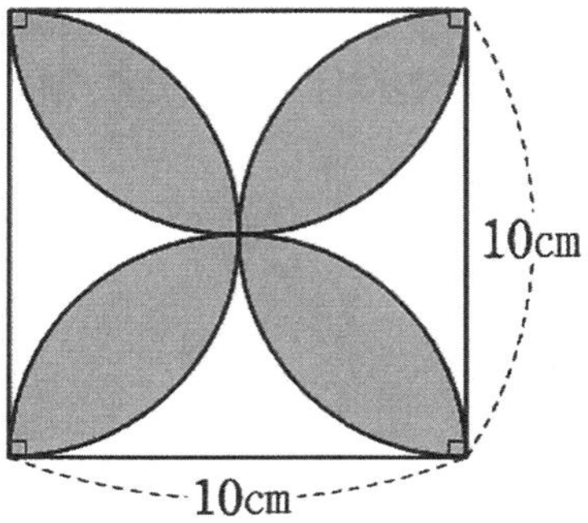

(2)　右の表は，ひろゆきさんが10歩ずつ５回歩いたときの道のりの記録です。

ひろゆきさんの歩はばは，何cmになりますか。

ただし，上から２けたのがい数で答えましょう。

回	10 歩の道のり
1	6.45m
2	6.52m
3	6.43m
4	6.51m
5	6.54m

6　なおきさんは，４つの合同な正方形を，辺と辺がぴったりと重なるようにつなげて，**図１**の**ア**から**オ**までの図形をつくりました。

図１

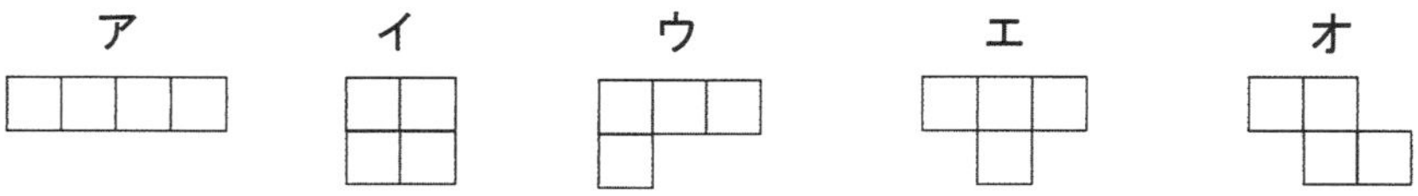

(1)　**図１**の**ア**から**オ**までの図形を，次の①から④までの４種類に分類し，それぞれ記号で答えなさい。

①　線対称な図形であり，点対称な図形でもある。
②　線対称な図形であり，点対称な図形ではない。
③　線対称な図形ではなく，点対称な図形である。
④　線対称な図形ではなく，点対称な図形でもない。

二

1 a b c

2

3

1．完答２点
2．１点
3．３点

三

1 2 3 4 5 6 7 8 9 10 11

140字 120字

1．２点
2．３点
3．２点
4．２点
5．２点
6．２点
7．２点
8．２点
9．１点×２
10．２点
11．４点

小　計

点

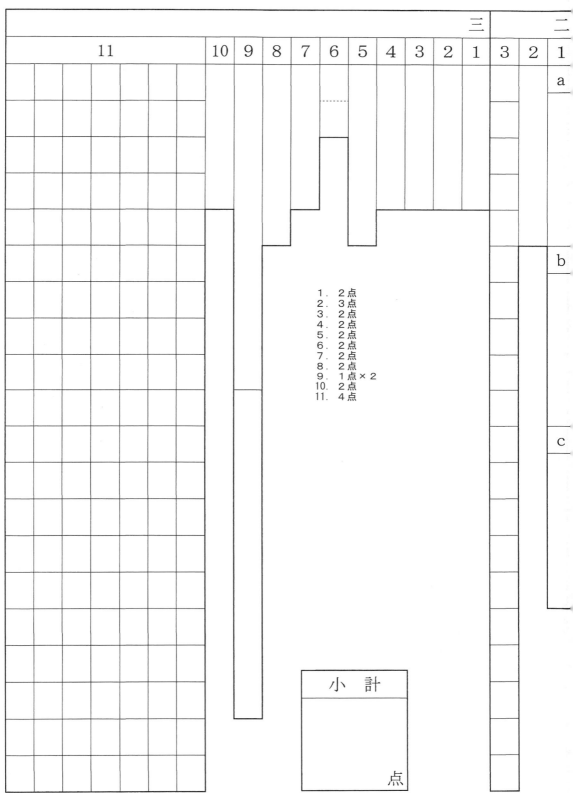

令和2年度 沖縄県立中学校

適性検査Ⅰ　解答用紙②

受検番号

名前

四

1

A 名前　工業地帯　グラフ（　）

B 名前　工業地帯　グラフ（　）

C 名前　工業地帯　グラフ（　）

2

① ② ③ ④ ⑤ ⑥ ⑦ ⑧

3

35字

20字

1．1点×3
2．1点×8
3．4点

五

1

2

3

35字

20字

4

① ②

5

① ② ③ ④

1．1点
2．1点
3．4点
4．1点×2
5．1点×4

令和２年度　沖縄県立中学校
適性検査Ⅱ　解答用紙 ①

受検番号	名　前

1 3点×5		
	(1)	
	(2)	こども　　　円　大人　　　円
	(3)	分
	(4)	cm
	(5)	cm

2 5点×2		
	(1)	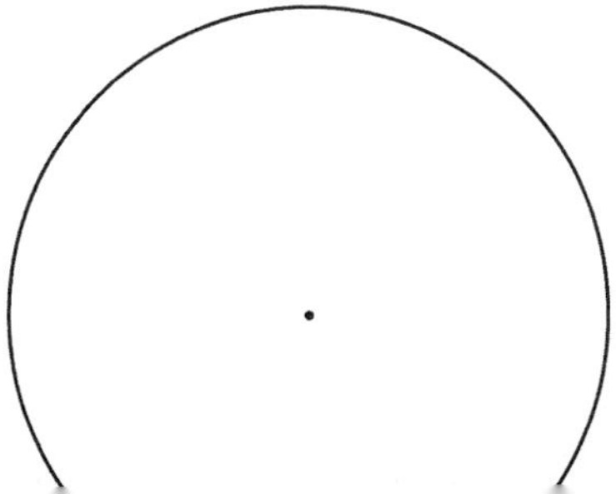

3 (1)2点×3 (2)3点 (3)4点			
	(1)	①	
		②	
		③	
	(2)		
	(3)		秒

4 (1)2点×3 (2)3点 (3)4点			
	(1)	①	
		②	

【解答用

令和２年度　沖縄県立中学校
適性検査Ⅱ　解答用紙 ②

受検番号	名　　前

5 3点×2	(1)		cm^2
	(2)		cm
6 (1)4点 (2)6点	(1)	① ＿＿＿　② ＿＿＿ ③ ＿＿＿　④ ＿＿＿	
	(2)	理由	

8 (1)2点×3 (2)2点 (3)4点	(1)	ア	
		イ	
		ウ	
	(2)		
	(3)		
9	(1)	①	

(2)6点	(2)	記号（　　　） 理由

③	
(2)	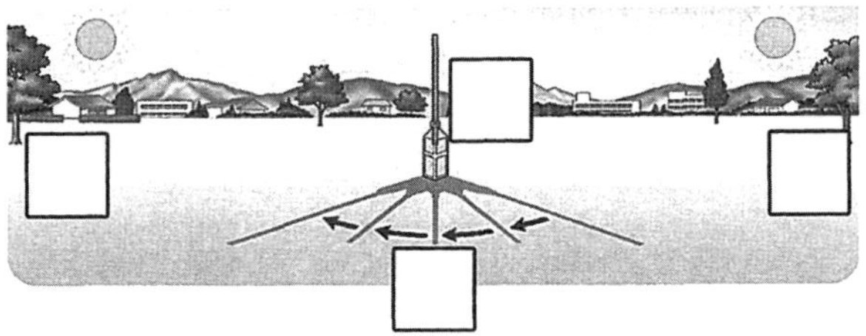
(3)	

小計	点

合計	点

※100点満点

【解答

(2)	

(2)	
(3)	g

小計	点

七				
4	3		2	1
	B	A		

1．完答２点
2．２点
3．２点×２
4．２点

5	4	3	2	
			B	A

1．2
2．2
3．1
4．完
5．2

小　計
点

合　計
点

※100点満点

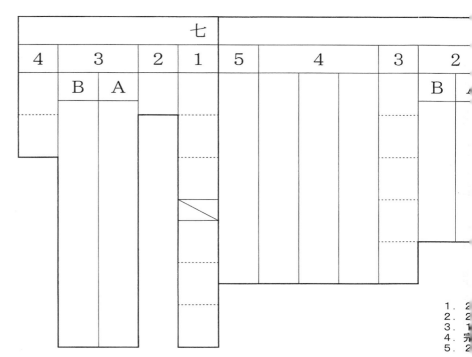

令和２年度
沖縄県立中学校

適性検査Ⅰ 解答用紙①

受検番号

名前

一

1 ① ②

2 ① ②

3

4

5

6

7 ① ②

8 40字 50字

9

1．１点×２
2．１点×２
3．１点
4．１点
5．１点
6．１点
7．２点×２
8．３点
9．４点

4　次の各問いに答えなさい。

(1)　次の①～③について，適当な語句を答えなさい。

①　物の大きさ（かさ）のことを何といいますか。
②　物を燃やすはたらきがある気体を何といいますか。
③　水が水じょう気にすがたを変えることを何といいますか。

(2)　正体のわからない水溶液があります。
この水溶液は，
　ア．食塩水
　イ．石灰水
　ウ．アンモニア水
　エ．塩酸
　オ．炭酸水
のいずれかであることがわかっています。

この水溶液が「エ．塩酸」であることを確かめるには，どのような方法を行えばよいでしょうか。説明しなさい。

(3)　下の表は，50mlの水にとけるホウ酸の量を温度ごとに表したものです。

水の温度	0℃	10℃	20℃	30℃	40℃	50℃	60℃
ホウ酸	1.4 g	1.8 g	2.4 g	3.4 g	4.4 g	5.7 g	7.4 g

以下の【実験1】と【実験2】を行ったあと，ろ過によって得られるホウ酸X gの量を求めなさい。

【実験1】
水100mlをビーカーにとり，水温を50℃に保ちながらホウ酸15gを加えて十分にかきまぜたが，とけないホウ酸が残った。そこで，ろ過によってとけないで残ったホウ酸をとり除き，別のビーカーにろ液100mlをとり出した。

【実験2】
実験1でとり出したろ液100mlの水温を20℃に下げたところ，とけないホウ酸が出てきた。このとけないホウ酸をろ過によってとり除き，重さを量ったところX gだった。

3 次の各問いに答えなさい。

(1) 次の①～③について，適当な語句を答えなさい。

① 電気の通り道のことを何といいますか。
② コイルに鉄しんを入れ，電流を流すと，鉄しんが鉄を引きつけるようになります。これを何といいますか。
③ 「てこ」の棒を支える位置を支点といいます。これに対し，おもりの位置（仕事をする位置）を何といいますか。

(2) 右の図1のように，糸におもりをつけてふりこをつくり，ふりこの運動を調べました。
ふりこが1往復する時間が何によって変わるのかをみんなで予想したところ，次のア～ウの3つの条件があがりました。
ア．おもりの重さ
イ．ふりこの長さ
ウ．ふりこのふれる幅
このうち，「ア．おもりの重さ」によって1往復する時間が変わるのかを確かめるためにはどのような実験を計画すればよいか説明しなさい。

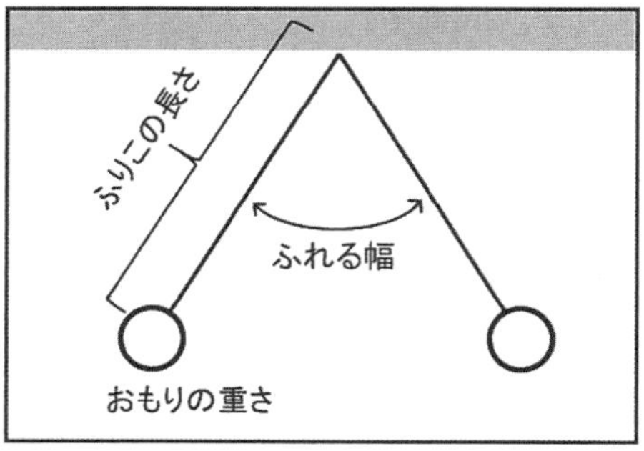

図1 ふりこの条件

(3) (2)の実験から，ふりこが1往復する時間はふりこの長さによって変化することがわかりました。また，ふりこの長さとふりこが10往復する時間を調べてみたところ結果は表1のようになりました。

表1

ふりこの長さ〔cm〕	25	50	75	100
10往復する時間〔秒〕	10	14	18	20

ふりこの長さを50cmにし，さらにふりこの長さの半分のところにくぎを打った条件で，同じ実験を行いました。
すると，図2のように，おもりが最下点にきたときに，ふりこはくぎにひっかかってその後，くぎを中心にふれました。そして，おもりがふたたび最下点に戻ると，ふりこはくぎから離れて最初の位置までもどりました。
最初の位置に戻るまでを1往復とすると，ふりこが10往復する時間は何秒になりますか。ただし，くぎや空気との摩擦は考えないものとします。

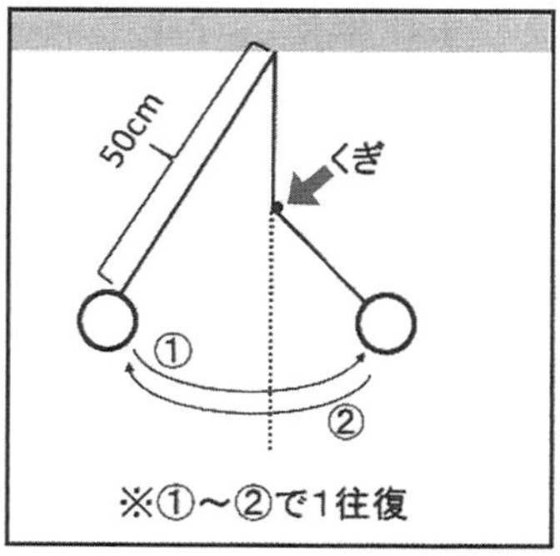

図2 くぎにかかったふりこ

(4) ゆかりさんたちは，お楽しみ会で輪をつないで輪かざりを準備しています。下のように１つの輪の内側の円は半径が４cmで，外側の円は半径が６cmです。この輪を40こつないだとき，はしからはしまでの長さは何cmになりますか。

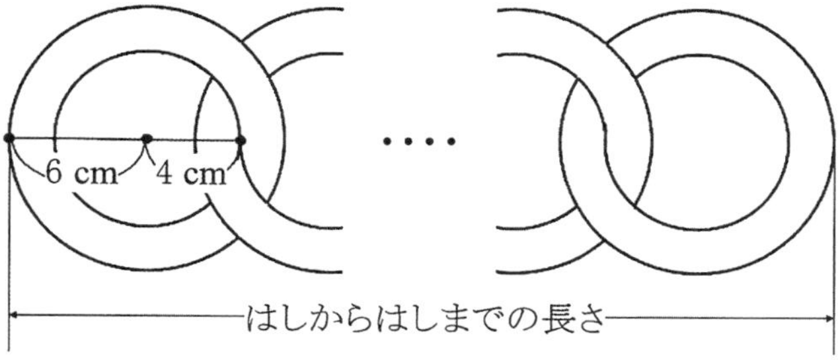

(5) あきらさんは，落とした場所の高さの $\frac{3}{5}$ 倍だけはね上がるボールを使って玉入れをする計画を立てています。２回目にはね上がったときに，かごに入るようにするには，最初にボールを何cm以上の高さから落とせばよいでしょうか。ただし、ボールの直径は10㎝とします。

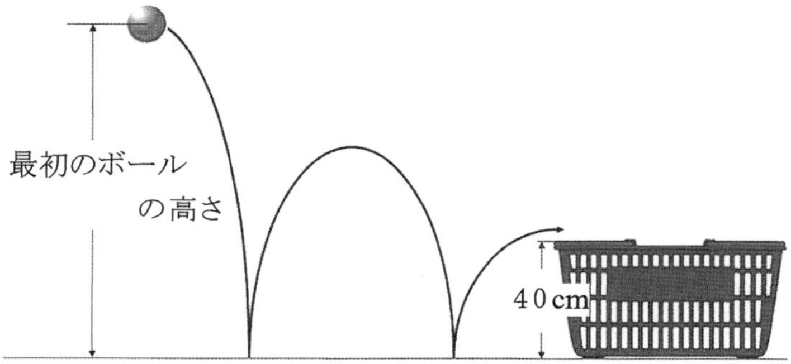

2 次の各問いに答えなさい。

(1) 右の図は，円にぴったりと入る正三角形をかいたものです。
円にぴったりと入る正三角形を，解答用紙の図に，定規とコンパスを使ってかきましょう。
ただし，定規で長さを測ったり，分度器で角度を測ったりしてはいけません。また，図のかき方がわかるように，図をかくために使った線は消さずに残しておきましょう。

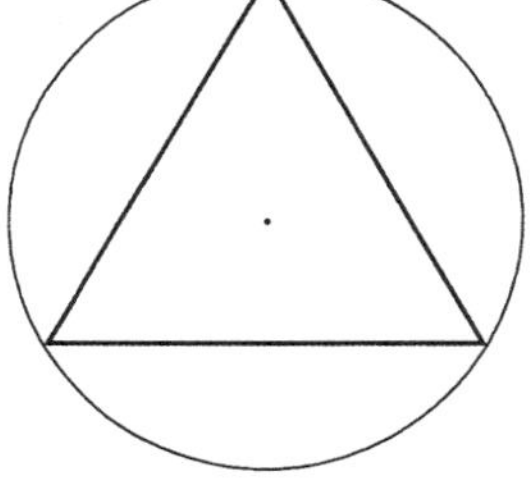

(2) 1，2，3，4 のカードが１枚ずつあります。この中から２枚を選んで，２けたの整数をつくります。
整数が何通りできるか求める図または表をかきましょう。

1　次の各問いに答えなさい。

(1)　まりさんが買い物に行った店では，3000円以上の支払いで100円分のサービス券がもらえます。次のものを買うとき，サービス券がもらえるかどうか見積もるには，どのようにして計算をすればよいでしょうか。次の①から④の中から正しいものをすべて選び，記号で答えましょう。

①　十の位を四捨五入する。
②　一の位を四捨五入する。
③　十の位，一の位を切り捨てる。
④　一の位を切り捨てる。

＜買う予定のもの＞	
やさい	329 円
肉	597 円
米	945 円
魚	623 円
くだもの	548 円

(2)　たけしさんとひろしさんの家族が，大人４人とこども６人で遊園地に行きました。10人で，おやつ代に1560円，飲み物代に2500円，乗り物代に6500円使いました。また，大人４人分に使ったお金の合計とこども６人分に使ったお金の合計は同じでした。大人１人，こども１人が使ったお金は，それぞれ何円だったでしょうか。

(3)　下のような行列で４人が買い終わるのに６分かかっています。みきさんの前にはあと10人並んでいます。このとき，みきさんはあと何分で自分の番になるでしょうか。

2020(R2) 沖縄県立中
K 教英出版

受検番号	

令和２年度
沖縄県立中学校　適性検査Ⅱ
問　題　用　紙

（時間50分）

【注　意】

１　「始め」の合図があるまで、問題用紙を開けてはいけません。
２　問題用紙は、10ページまであります。
３　解答用紙は２枚です。
４　「始め」の合図で
◆　問題用紙の受検番号の欄《らん》、解答用紙の受検番号と名前の欄にあなたの受検番号と名前を書き入れること。
◆　解答は、この問題用紙ではなく、解答用紙の決められた場所にていねいに記入すること。
５　印刷がはっきりしなかったり、問題用紙のページがたりなかったりする場合は、静かに手をあげてください。
６　「やめ」の合図で、すぐに鉛筆を置き、解答用紙を表にして机の上に置いてください。

A の詩、B 【詩の解説文】について、次の問題に答えなさい。

1 A の詩を内容で大きく三つに分けたときの、二つめのまとまりの最初の番号を、(1)から(5)の中から一つ選び、番号で書きなさい。

2 A の詩の(1)から(4)で使われている表現技法の説明として適切なものを、次のアからエの中から**全て**選び、記号で書きなさい。

ア 同じ構成で、内容の似ている言葉（またはまるっきり反対の言葉）を並べて印象を深める方法。

イ 様子や声・音を、それらしく表した言葉。オノマトペとも言う。

ウ 文や行を名詞（体言）で終え、印象を深める。

エ 語順を逆にして印象を深める方法。

3 A の詩中の――線「小さな予言」とは何を指していますか。詩中の言葉を抜き出して書きなさい。

4 A の詩中の ① から ④ に入る言葉の組み合わせとして適切なものを、次のアからエの中から一つ選び、その記号で答えなさい。

ア ① 明日・② 今日・③ 明日・④ 今日

イ ① 明日・② 明日・③ 今日・④ 明日

ウ ① 今日・② 明日・③ 今日・④ 明日

エ ① 今日・② 今日・③ 明日・④ 今日

5 B の【詩の解説文】中の――線「軽快さ」の「快」の訓読みを、送り仮名も含めて全てひらがなで書きなさい。

6 B の【詩の解説文】中の ⑤ に入る言葉を漢字二字で書きなさい。

7　詩の解説文の内容として適切なものを、次のアからエの中から一つ選び、その記号で答えなさい。
ア　それぞれの連の内容は、言葉をむきあわせ、対応するようにつくられており、全ての連で規則正しく書かれている。
イ　この詩は、文末語の持っている言葉の響きの重なりあいがすばらしく、それらがこの詩の重厚さを表現している。
ウ　詩人が詩を書くときには、手にとれるような具体的なものを、わざとあいまいに表すことで、わかりやすくしている。
エ　後半で詩のバランスをあえてくずし、前半のバランスの良さを引き出すことで、終連でのまとまりにつなげている。

C　【対談の一部】について、次の問題に答えなさい。

8　⑥に入るものとして適切な言葉を、五字以内で答えなさい。

9　―線①「宮沢賢治」の書いた文章には「雨ニモマケズ」等があげられますが、そのほかの作品名を二つ書きなさい。（ひらがなも可）

10　―線②の箭内さんの発言は、この対談の中でどのような役割を果たしていますか。その役割を説明したものとして最も適切なものを次のアからエの中から一つ選んで、記号で答えなさい。
ア　宮藤さんの発言を受け止め、一般的な見解を述べたうえで、話を発展させている。
イ　宮藤さんの発言に賛成し、同調する具体例を加え、話をまとめている。
ウ　宮藤さんの発言に対しての反対意見を具体例を挙げて述べている。
エ　宮藤さんの発言を受け流し、新たな話題を示すように導いている。

11　金城さんの学級では、単元のまとめとして、学級のみんなに詩の面白さを伝える文章を書くことになりました。あなたならどのように書きますか。次の条件に従って、「詩を読むことの楽しさ」についてあなたの考えを書きなさい。句読点〈。、〉やかっこなども一字と数えます。

〈条件〉（1）百二十字以上百四十字以内で書くこと。

（2）二段落の構成で書くこと。

（3）第一段落には、[A]の詩について、必ず詩の言葉を引用して、詩に対してのあなたなりの解釈を書きなさい。その際には、[B]の【詩の解説文】を参考にしてもよい。

（4）第二段落には、[C]の【対談の一部】の内容に触れながら、あなたの考えを書きなさい。

（5）学級のみんなに呼びかける文章にすること。

（6）題名や自分の名前は書かずに、一行目から書くこと。

四　次の【資料１】から【資料３】を見て、各問いに答えなさい。

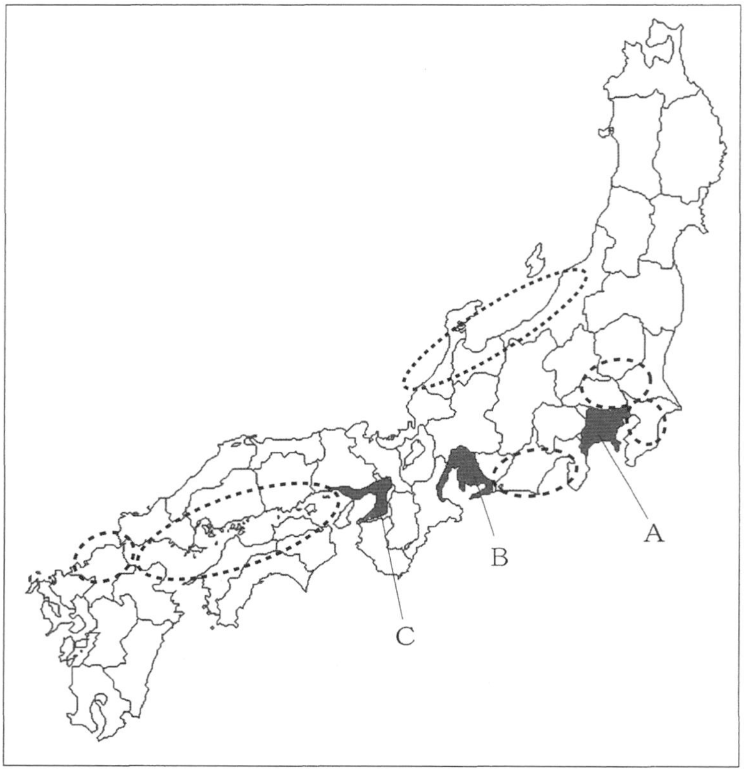

【資料１】主な工業地域と工業地帯の分布

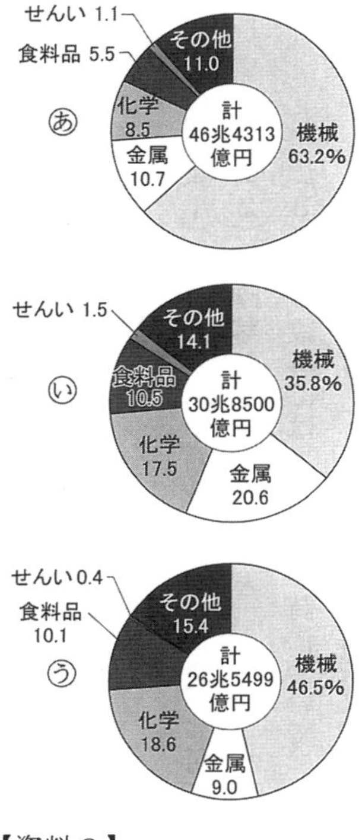

【資料２】
工業地帯別の工業生産額
「2013年工業統計調査」より

1　【資料１】のAからCの工業地帯について名前を書き、工業地帯別の工業生産額のグラフを【資料２】のⓐからⓤの中からそれぞれ選び記号で答えなさい。

A　名前　　工業地帯　グラフ（　　）

B　名前　　工業地帯　グラフ（　　）

C　名前　　工業地帯　グラフ（　　）

2　次の文章の①から⑧の（　　）の中にあてはまる言葉を□のアからソの中から選んで記号で答えなさい。

・日本の主な工業地帯や（　①　）は（　②　）に広がっています。特に（　③　）と呼ばれている工業地帯は（　④　）の南部や（　⑤　）の北部にかけて、（　⑥　）のように広がっています。

・（　③　）では、日本全体の工業生産額の二分の一以上をしめています。

・最近では、（　⑦　）にも工業地域が広がるようになってきました。その理由の一つに（　⑧　）が全国に広がったことがあげられます。

ア　九州地方	イ　コンピューター部品	ウ　日本海側	エ　海ぞい	オ　中部地方
カ　関東地方	キ　工業地域	ク　帯	ケ　太平洋ベルト	コ　海上輸送路
サ　鉄道	シ　高速道路	ス　東北地方	セ　内陸部	ソ　山ぞい

3　【資料３】は日本の自動車に関するグラフです。近年、自動車の海外生産が増えてきた理由について、「貿易」という言葉を使って三十字程度で説明しなさい。

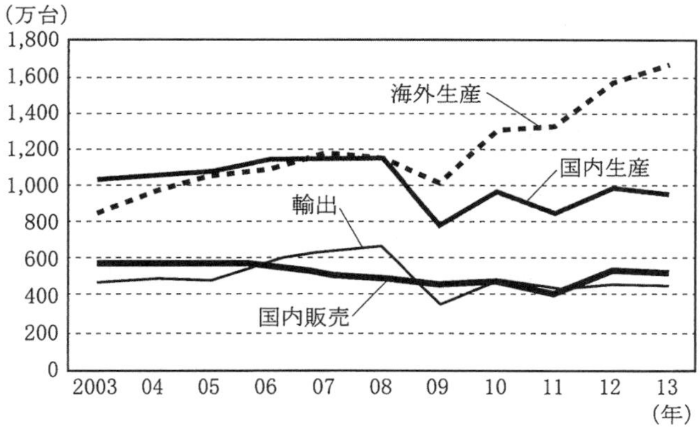

【資料３】日本の自動車生産・販売・輸出台数

「日本工業会調べ」

10字
20字
30字

五　【資料1】と【資料2】を見て、各問いに答えなさい。

年代	主なできごと	時代	文化
	シルクロードを通じて、唐とヨーロッパの交流が行われる。	奈良時代	天平文化
710年	平城京に都を移す		
	○古事記ができる		
	○日本書紀ができる		
752年	○東大寺の大仏が作られる		
	○万葉集ができる		
754年	A が日本に渡る		
794年	平安京に都を移す		
838年	第18回遣唐使が派遣される	平安時代	国風文化
894年	遣唐使の廃止		
907年	唐がほろびる		
	○かな文字の使用が始まる		
	○日本風の文化が育つ		
1016年	藤原道長が政治の実権をにぎる		
	○女性による文学がさかんになる		

【資料１】年表

奈良時代の日本は、政治のしくみや文化などさまざまな面で、唐の影響を強く受けました。

この頃、仏教の教えを正しく広めるために、唐から【資料1】の A の人物が日本に招かれました。

彼は、何度も航海に失敗し、失明しながらも、6度目の航海でやっと日本にたどりつき、仏教の発展に大きな役割を果たしました。

1　A にあてはまる人物名を書きなさい。

2　A を招いた人物は、仏教の力をかりて国を守ろうと、全国に国分寺をおき、東大寺を建てて、大仏づくりを進めました。この人物を次のアからエの中から一つ選んで記号で答えなさい。

ア　聖徳太子　　イ　聖武天皇

ウ　菅原道真　　エ　天智天皇

3　【資料1】をもとに、平安時代に日本風の文化（国風文化）が広まったわけを、三十字程度で説明しなさい。

10字　20字　30字

4　【資料２】について、次の文章の①から②の（　　）の中にあてはまる言葉を書きなさい。

平安時代の貴族は、優雅《ゆうが》な暮らしをしており、【資料２】のような（　①　）と呼ばれる男性の服装や（　②　）と呼ばれる女性の服装も生み出されました。

【資料２】平安時代の貴族の服装

5　平安時代に書かれた次の①から④の文学作品にあてはまる説明を、アからエの中からそれぞれ選び、記号で答えなさい。

①　小倉百人一首	②　土佐日記
③　枕草子	④　源氏物語

（説明）

ア　紫式部が作った、主人公「光源氏」の恋愛や人生を記したもの。
イ　清少納言が書いた、宮仕えをしていたときの体験や思いを記したもの。
ウ　鎌倉時代に成立した歌集で、平安時代の女性の歌も多く記されているもの。
エ　紀貫之らが作った、都（京都）へ帰るまでの旅の様子を記したもの。

六　次の文章を読み、各問いに答えなさい。

> ①日本国憲法には、②日本の政治は国民みんなで決めていくことや、「③　　　　　」の尊重の原則に基づき、④自由に生きるための権利、豊かに生きるための権利を保障することが示されている。また、再び日本が戦争を起こさないように、⑤戦争をするためのものは、いっさい持たないことも書かれている。

1　文中の①について、日本国憲法が施行された年を西暦で答えなさい。

2　文中の②について、国民が政治に参加する機会として次の3つがあげられる。A、Bにあてはまる語句をそれぞれ漢字4文字で答えなさい。

> ○　地方自治特別法の制定の時、住民投票を行う。
> ○　憲法改正について、（　A　）を行う。
> ○　最高裁判所の裁判官について、（　B　）を行う。

3　文中の③の「　　　　　」にあてはまる、日本国憲法の原則を漢字5文字で答えなさい。

4　文中の④について、国民は自由に生きる権利等が保障されている。一方、憲法は国民が果たさなければならない義務についても定めている。国民の義務を3つ答えなさい。【完全回答】

5　文中の⑤について、次の非核三原則の□にあてはまる語句を答えなさい。

「もたない、つくらない、□」

七　次の文章を読み、各問いに答えなさい。

> 国会①で決められた予算や法律にもとづき、国民全体のためにいろいろな仕事を責任をもって行うのが内閣②である。内閣は、国会で選ばれた（　Ａ　）がその中心となる。（　Ａ　）は、それぞれ専門的な仕事を担当する（　Ｂ　）を任命し、大臣たちなどと会議③を開いて政治の進め方を決める。

1　文中の①について、国会における２つの話し合いの場を、それぞれ漢字３文字で答えなさい。【完全回答】

2　文中の②について、次のうち内閣の働きではないものをひとつ選び、記号で答えなさい。

ア　国会の召集	イ　外国との交渉や交際
ウ　法律の制定	エ　最高裁判所の長官を指名

3　文中の（Ａ）、（Ｂ）にあてはまる語句を、それぞれ漢字で答えなさい。

4　文中の③について、この会議を何というか。漢字２文字で答えなさい。

2020(R2) 沖縄県立中
K 教英出版